'26年版

就職試験
これだけ覚える

面接
エントリーシート

成美堂出版

本書の特徴

あらゆる質問を想定した回答例とわかりやすい解説

輸出や生産などの経済指標を見る限り、景気が回復したといい切るのには無理があります。雇用に関しては、少しでも「有能な人材、戦力になる人材」を求める姿勢は強くなっています。そうしたなか、就職活動における「面接試験」の重要性は高まるばかりです。

本書は、内定を勝ち取るための「面接」や「エントリーシート」の基本知識のほか、あらゆる質問を想定した回答例を数多く掲載し、その評価とアドバイスをわかりやすく解説してあります。

ジャンル別の質問と回答例に、評価のポイントとアドバイスを掲載

はじめに、面接のスタイルやマナー、言葉づかいなど、面接に臨むための準備や対策法を取り上げ、さらに「面接の心得と完全攻略10か条」として、面接必勝法をポイントごとにまとめてあります。

つぎに、面接試験のメインテーマとなる「自己紹介・自己PR」と「志望動機」についてわかりやすく解説してあります。

「自己紹介・自己PR」とは、自分を売り込むためのセールストークであり、「志望動機」とは、その企業に応募した理由と企業人として将来の夢を語ること

です。

本書には、本当の自分をうまく伝える「自己紹介・自己PR」と、その人の意欲・本気度がわかる「志望動機」の回答例を載せ、それぞれに評価とアドバイス、注意点などを具体的にあげてあります。

そのほか、応募者の考え方や人柄を見極めようとする「人柄を探る質問」、女性にだけ向けられる質問や就職活動に関する質問、さらに圧迫質問といわれる「答えにくい質問」についても、それぞれ回答例を示し、アドバイス、注意点を加えてあります。

業種・業界別の想定質問、業界に特有な回答例を紹介

業種・業界によって、求められる知識は異なります。面接試験では、その業界でしか問われないような質問もあります。これらの質問は、業界研究の成果を試す質問で、業界の現況を正確に把握していなければ答えることができません。

本書では、業種・業界別の想定質問と現況を踏まえた回答例を具体的に紹介してあります。

就職活動で避けては通れない「面接」と「エントリーシート」――その成功のコツが本書に満載されています。自分流にアレンジして、ぜひ内定を勝ち取ってください。

本書の使い方

本書は、面接でよく聞かれる質問を取り上げ（Q1〜Q87）、いくつかの回答例（A）を紹介した。面接官（面接担当者）の質問の意図をしっかり理解し、自分に合った答えを導きだそう。

Q1 自己紹介をしてください

A 根気と努力をアピール

私はかなり根気があるほうだと自負しています。❶何事もコツコツと努力し続けるタイプです。

たとえば、私は実用英語技能検定1級を取得していますが、その勉強もかなり早くから計画を立て、じっくりと目標に向かって努力してきました。大学に入ったとき、これからの企業人には英語は欠かせないツールた……取得しようと決意しました。英会話……ステップに合わせ、1年目にはこ……という具合に細かい目標を立てて……あって、予定より早く目標を達成し……力の成果だと思います。

そして、今回の英語の勉強を……と実感しています。これからも、社……根気と努力、そして集中力で仕事を……す。

評価とアドバイス

★結論を先に明示し、事実を具体的に話し、さらに決意を述べているのでわかりやすい。❶

★特技と資格も簡潔に述べているので、説得力がある。

A 責任感と行動力を強調

私には、責任感の強さと行動力があると思っています。これまで自分に任されたことは必ずやり遂げてきました。もちろん、それがほかの人の協力に支えられていることも知っています。去年の秋、学会があり、私が責任者となって発表する機会がありました。

そのときも、研究室に泊まり込み、ゼミの仲間や院生の方にも手伝っていただき、大きな課題に取り組みました。その成果

●質問
面接で聞かれる内容を、一般的な質問形式で記載した。

●回答
質問に対する回答を見出しとともに紹介。

●赤シート対応
評価できる点を付属の赤シートで隠すことができる。面接官の視点、質問の意図、回答のよい点を推測しながら読むことができ、実力アップにつながる。

●面接官はここをみる！
簡単な質問でも、その裏に思わぬ意味が隠されていることがある。面接官は質問によって何を知りたがっているのかを解説した。

●インデックス
大まかな項目に分類した。

面接官はここをみる! 客観的に分析できることが、社会人としての条件であり、自分を語らせることでその人の「人となり」をみる。また、自分に誇りをもてない人は仕事もできないと判断する。

をまとめて学会で発表できたことで、私はみんなでひとつのことをやり遂げることを学びました。この経験を今後の仕事にぜひ生かしていきたいと思っています。

評価とアドバイス
★責任感と行動力のふたつのセールスポイントに加え、協調性
アピールしており、好感がもてる。
★ ールしたい内容を具体的に述べている点は評価できる。

A 確実・慎重さがモットー

私は、どちらかというと慎重な性格です。石橋をたたくほどではありませんが、その石橋を観察するぐらいの慎重さはあります。急いでむやみに渡るようなことはしません。❶

たとえば、重要な用事があって友だちと２週間先に会う約束をした場合、約束した日の２～３日前にはメール連絡し、返事がなければ電話をします。

外出の予定があれば、前日に持っていくものをそろえるなどして、準備を怠りません。私は、確実・慎重をモットーにして、仕事をしていきたいと思います。

●評価とアドバイス
回答のポイントを具体的に解説した。評価できる点は★で、工夫を求められる点は★で示した。また、回答とピンポイントで対応する箇所には丸数字をつけた。

評価とアドバイス
★約束事の再確認をするなど几帳面な点を、具体例をあげて述べたことは評価できる。
★ことわざを使った説明はユニークでわかりやすい。❶
★ただし、“慎重な性格”は前面に出してPRするには印象が弱い。消極的ととられないよう、具体例の選択に工夫を。

Contents

※本書は、原則として2024年４月１日時点の情報に基づいて編集されています。

第1章

面接の心得と完全攻略10か条

面接はあなたと企業の“お見合い”の場

面接の目的は“相性”をみることだ

企業が人材を採用するとき、最も重要視するのは面接である。書類選考や筆記試験だけで採用が決まることはまずない。

企業は、応募してきた学生と自社との相性がよいか、実際に会ってみて、見極めようとする。書類上には表れない応募者の資質や人間性、仕事への意欲などを面接という手段で判断しようとする。その視点は将来性かもしれないし、あるいは即戦力を求めているかもしれない。それはその会社の事情による。

応募する学生の側もただ査定されるだけではなく、自分がその会社や職種に適合していけるか、チェックする必要がある。そういう意味ではどちらも“選ぶ”側ということができ、対等の“お見合い”の場であるといえる。いかによい会社でも、あるいはいい人材でも、相性が悪ければ“婚約（採用）”は成り立たない。つまり面接をする目的は、相手が自分にとってふさわしいかどうかを見極めることなのだ。

採用側が面接で知りたがっていること

① 与えられた仕事をこなしていけるか ➡ 適性
② 仕事に対する熱意があるか ➡ 意欲
③ 自社の社風に合うか ➡ 適応力・協調性
④ 仕事を最後までやり遂げられるか ➡ 責任感
⑤ 基本的マナーが身についているか ➡ 社会性
⑥ 一緒に仕事ができるか ➡ 人間性

学生側が面接でチェックすること

① 会社の雰囲気が自分の感性に合っているか
② その会社で自分のしたい仕事ができるか

面接の前に、これだけの準備を

面接までにしておかなければならないことは何か？　それは企業研究とエントリーシートの確認である。

■面接の前の準備

① 企業・業界研究

関心をもっていれば、その会社のニュースは自然に入ってくるものだが、独自の情報収集活動はやはりしておきたい。

インターネットはもちろん、業界紙や経済新聞、雑誌などに目を通しておく。業界のことや経済全体の動きを知り、面接で活用しよう

② エントリーシートの確認

エントリーシートを確認するということは、もう一度自分を見つめ直すことだ。面接の前にこれをしておくと心が落ち着き、不思議とファイトが湧いてくる。

エントリーシートの内容は面接のときの基礎資料。面接官はこれを見ながら質問するので、食い違いがあると突っ込まれる。エントリーシートはコピーして、本番に臨もう

③ 前日の持ち物チェック

面接の前日には、持ち物チェックをしよう。

忘れ物によって動揺することがいちばん怖い。気にしながら面接に臨むと、本来の力が発揮できない。前日に準備して万全の態勢を調えよう。面接会場の下見も忘れずに

面接のスタイルを知っておこう

採用側の目的を知って対策を練る

　面接にはいくつかのスタイルがあり、その目的に応じて使い分けられる。

■面接のスタイル

①集団面接

複数の応募者に対し、ひとりの面接官が質問をしていく

②個人面接

ひとりの応募者に対し、面接官がひとりないし2〜3人で対応する

③グループディスカッション

複数の応募者にテーマを与え、議論をさせる

④グループワーク

複数の応募者に課題を与え、達成するまでの過程を観察する

⑤プレゼン面接

事前に与えた課題に対し、資料や企画書を作成してプレゼンテーションをさせる

どのようなスタイルになるかは、採用する側の考え方によるが、どのスタイルにも対応できる準備と心構えだけはもちたい。

とくに、１次面接や２次面接では「集団面接」や「グループディスカッション」が多いので、他人と比較されることを前提のうえ、対策を練っておきたい。

スタイルに合わせた対策

	採用側の目的	対　策
集団面接	人柄・志望動機、ほかの応募者との比較	自分の特徴を強調する
個人面接（1対複数）	複数の目で総合評価	丁寧な態度と言葉づかいで堂々と
個人面接（1対1）	人柄を確認する	具体的に自己PRを
グループディスカッション	表現能力・協調性をみる	積極性を出しながら聞き上手に
グループワーク	集団内における役割・立場をみる	協力して完成をめざす
プレゼン面接	創造性・企画力をみる	ユニークな視点と十分な練習

面接における
マナー・言葉づかい・服装

マナーや言葉づかいが重要視される

採用する側は、面接で話す内容よりも応募者の態度、言葉づかい、服装、姿勢などを重要視する。仕事をするうえで基本的なマナーをマスターしているかをみたいからだ。人事のベテランは、その人の外見や話し方だけで人柄を見抜く。最低限のマナーを身につけていないと、社会人としての資質を疑われる。

■マナーのチェックポイント

	注意する点
到着まで	遅刻は厳禁。面接開始の10分前には面接会場に着くように。電車の事故などで遅れる場合は必ず連絡する
受付で	受付係は最初の面接官。会社へ一歩入ったら面接は始まっていると思え
控え室では	素顔が出やすい場所なので注意が必要。声高な会話や喫煙などはNG。友だちどうしで受けに行くときはとくに気を引き締めて
入室するとき	ノックは常識。また、「どうぞ」と声がかからないうちにドアを開けてはいけないことも覚えておこう。入室しても、すすめられないうちは着席も控える
面接時	カバンは足もとに置き、手はひざに。浅く腰かけ、背すじを伸ばす。背もたれには寄りかからない
退室するとき	退室のあいさつは必須。いすから立ち上がって一礼する。ドアの前で再度一礼。会社を出るまでが面接のつもりで気を抜かないことが大事

気をつけたい言葉づかいは？

面接のとき、企業側が意外に神経を尖らせているのが、言葉づかいである。敬語の使い方が正しいか、若者言葉や略語、隠語のようなものを使っていないかチェックしている。

人事担当者にいわせると「チェックしているわけではなく、会話していると、ふと耳ざわりな言葉が出てくるので、気になってしかたがないだけだ」という。学生が日常的に使っている言葉は、一般常識とはかけ離れていることが多いのだ。

■言葉づかいのチェックポイント

① 敬語

敬語には相手を敬うもの（尊敬語）、自分がへりくだるもの（謙譲語）と丁寧語の3つがある。最近は、謙譲語をⅠ、Ⅱ（丁重語）の2つに分け、新たに美化語（お料理、お酒など）を追加した5分類の分け方も示されている。いずれにしても、自分が属するものに尊敬語を用いるのはおかしいし、相手に謙譲語を使うのは失礼だ。

✕ 「私のお父さま」➡「私の父」
「御社の社長が申した」➡「御社の社長がおっしゃった」

過剰敬語もおかしやすいミスだ。「御社の社長さまがおっしゃられた」といういい方は、学生が使うといや味にしか聞こえない。やたらと丁寧にいえばよいというものではない。

② 若者言葉

何にでも「超」をつける人は要注意。いいそうになったときは「とても」といい換えよう。面接官が気になる若者言葉とは…

✕ 「勉強のほう、まずまずがんばってみたんですけど、ガリ勉てタイプでもないじゃないですか」➡「勉強はとにかくがんばりましたが、それだけでなく○○もがんばりました」

✕ 「自分的にはぶっちゃけ海とか好きなんです」➡「私は実は海が好きなものですから」

✕ 「てゆぅかあ、趣味系みたいな仕事？　何かいいかなって」➡「というより、趣味を仕事につなげることができないかと思い」

面接にふさわしい服装を！

面接において決まった服装があるわけではないが、応募する会社にふさわしい服装をすることは心がけたい。そのために

■服装・身だしなみ（パターン1）

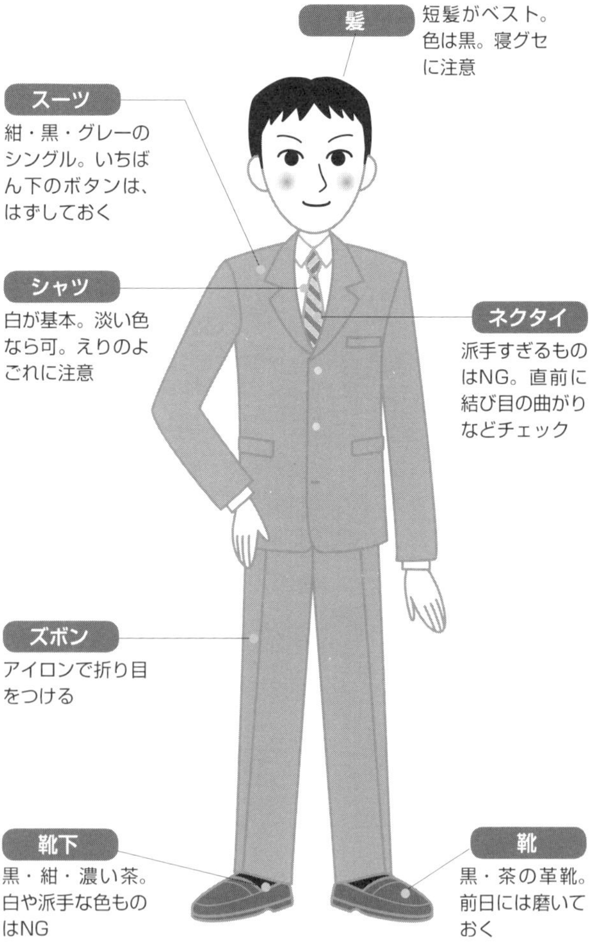

は、会社で働いている人の服装を実際に見ることをおすすめする。それも、多くの人の服装がわかる出勤時や退社時がよい。

紺・黒・グレーのいわゆる「リクルートスーツ」は無難だが、それも身だしなみしだいということを頭に入れておこう。

■服装・身だしなみ（パターン2）

困ったときの対処法を覚えておこう

どんな状況でも冷静に判断することだ

面接を受けているとき、思わぬ事態が生じて困ることがある。それは、あとで冷静になって振り返ってみると何でもないことに思えるのだが、その場ではどうしてもパニック状態になってしまう。それを防ぐにはどうしたらよいのだろう。

■状況別の対処法

① 面接の最中に携帯が鳴った

とにかくただちに電源を切ること。そしてすぐに詫びることだ。

面接に臨むときは、必ず携帯の電源は切っておく。これは基本中の基本で、本来面接中に携帯が鳴ることは許されない。たまたま切り忘れていたということなら、謝るしかない。そうならないように、控え室に入ったらまず「携帯の電源を切る」ことを頭に入れておこう

② 面接官のいうことが聞き取れなかった

集中していればそういうこともないはずだが…

声の小さな面接官だと、いうことが聞き取れなかったという場合もあるだろう。そういうときは悪びれずに「よく聞き取れませんでした。恐れ入りますが、もう一度お願いできますか」といおう。そのとき「声が小さくて」といった相手の非をあげつらう言葉は使わないこと

③ カバンとコートの置き場所がわからない

どこへ置いたらよいかわからないことは往々にしてある。

とくに指示されないかぎり身から離すことはしない。背もたれがあるいすならば、コートは畳んで背もたれにかけ、カバンは足もとに置く。背もたれがない場合は、コートは畳んでひざの上に置く

④ 面接が始まった途端に上がってしまった

入室する前なら、深呼吸や筋弛緩法など、上がり防止策を！

入室後に上がってしまったら、いつもより大きな声で話すと緊張が解ける。または、素直に「上がってしまいました。深呼吸させてください」と、上がっていることを白状してしまう。気が楽になり、面接官も微笑んでくれるかもしれない

⑤ 圧迫質問を受けた

思いもよらない厳しい質問をされ、答えにつまるときがあるが…

これは圧迫質問といって、応募者をわざと困らせ、どう対処するかをみる質問テクニックだ。対処法は、否定しないこと。ムキになって反論するのは愚策。必要以上に落ち込まないことも大切だ。落ち着いて自己PRをすれば必ず乗り切れる

⑥ そちらから質問はありませんかといわれた

「ありません」では、意欲に欠けると思われる。

この質問に関しては、あらかじめ用意しておく。それも待遇や労働条件などではなく、会社の将来計画に関する「○○事業の今後の見通しについて教えてください」といった質問を二、三考えておくことをおすすめする

第1条 面接官の視点を意識しよう

企業は応募者の何をみるのだろうか。

一般的には、「実際に仕事をしていく能力があるか」「前向きに仕事に取り組んでいく意欲があるか」というところに最も重点をおく。応募書類や筆記試験だけでは、それを的確に判断することはできない。そこで応募者1人ひとりと会って、その人がかもし出す雰囲気や、言葉を交わしたときの印象、話す内容などいろいろな角度から、総合的にその「人となり」を見極めようとする。

どんな視点からみているのか、そのポイントを探ってみよう。

■面接官の判定ポイント

① 職種への適性 ➡ 仕事をこなしていけるか
② 仕事への意欲 ➡ 自社の業務に対する熱意があるか
③ 適応力・協調性 ➡ 自社の社風になじめるか
④ 責任感 ➡ 仕事を最後までやり遂げられるか
⑤ 社会性 ➡ 社会人としての常識を踏まえているか
⑥ 人間性 ➡ 職場の仲間としてふさわしいか

応募者は、面接官のそうした視点を意識し、できるだけよい状態の自分を売り込むようにしなければならない。

第2条 相手の質問の意図を見抜け

面接では、応募者にさまざまな質問が浴びせられる。その質問の１つひとつに何らかの意図が隠されている。

面接を受ける側は、その意図を正確にとらえ、相手が望むような答えを的確に返していかなければならない。

たとえば「あなたはいつもどんな番組を見ますか」という質問があったとする。バラエティやドラマという答えでは減点され、ニュース、あるいは教養番組といった答え方が無難だと思うかもしれないが、そうではない。質問の意図は「なぜその番組なのか」という理由づけなのだ。バラエティ番組でも、「現代社会の世相を端的に表していて､世の中の動きがわかるから」「流行に敏感でなければならないこの職業で、ひとつのアンテナとして情報収集できるから」といった答え方なら、面接官を納得させられる。答えにくい質問やいじわるな質問でも同じことがいえる。

これらの質問が応募者にプレッシャーをかけ、忍耐力や対応力、精神力を試す質問であるという意図を見抜けば、冷静な受け答えができるだろう。

その反対に、親しげで好意的な質問につい気をゆるし、友人と会話しているような言葉づかいをして、本音を吐露《とろ》してしまうこともある。要注意だ。

あくまでも、謙虚で真摯《しんし》な態度を心がけよう。真摯な態度は必ず相手の心を打つ。

▶隠された意図を見抜き、的確な答えを返す

第3条 面接の合否は最初の1分で決まる

個人面接での所要時間は、ふつうひとり10分からせいぜい20分くらいである。しかし、面接官は、応募者がドアを開けて入ってきていすに座るわずかな時間と、最初の2、3の質問の答えだけで評価を下している。

人事の担当者は、毎年うんざりするほど数多くの学生に接して、ほとんど同じような質問を浴びせ、応募者のさまざまな反応を見ている。だから、面接官の学生をみる目は肥えているといっていい。面接官たちはどこをみるかというと、服装と態度、そして顔つきである。着慣れないスーツをきちんと着ているか、動作はテキパキしているか、凜《り》々《り》しくしかも穏やかで人に好かれる顔をしているか、それは見ればすぐにわかる。1分もかからないほどだ。

そういう面接官を相手にするのだから、面接を受ける側は、入室前からの態度、マナーに細心の注意を払って臨まなくてはならない。

入室してからの動作はとくに大切で、キョロキョロしたり、オドオドした態度はとらないように気をつけよう。機敏な動作は面接の基本である。

第一声も大切だ。3分も話せば、すっかり地が出てしまう。言葉をはっきり発音し、明瞭な言葉で、大きすぎず小さすぎず、部屋の大きさに合った声を出そう。

▶最初の1分が勝負！機敏な動作を心がけ、第一声に集中しよう

第4条 上がってしまったら素直な態度で答える

面接時間が限られているので、質問の数もそんなに多くない。とはいえ、数ある質問のなかには答えられなかったり、考えてしまってタイミングよく答えられなかったりすることはだれにでもある。このようなとき、応募者の多くが内心で答えを求めて焦っている。もうこれで終わりか、とも思う。

しかし、あきらめることはない。答えられない自分を受け入れることだ。「わかりません。勉強しなおします」などと、素直な態度で答えることが肝心だ。苦し紛れにまとはずれな答えをしては、その場の雰囲気はますます悪くなるばかりである。

プレッシャーはだれにでもある。試験や試合などの大事な場面で緊張しすぎて上がってしまい、本来の力を発揮できないことはある。

面接試験は、自分の人生を左右する大事な場面である。入念な準備をして臨んでも、本番で上がるなというほうが無理である。うまく答えられるだろうか、失敗しないだろうか、という不安と、自分をよりよく見せなければ、と身構える気持ちが精神的な緊張を呼び起こして「上がってしまう」のである。

しょせん実力以上のことはできないのだ。自分が出せればそれでよい、そう気楽に考えて覚悟を決めよう。肩の力が抜ければ、緊張した気持ちも楽になり、多少でも自信が戻ってくる。

どのような質問にも素直な気持ちで、笑顔で答えるようにすればよい。

▶力を発揮しようと身構えてはいけない。自分の実力を認め、素直な態度で答えることが成功に結びつく

第5条 企業が求めている人物像を知る

企業が求めている人材とは、組織を動かす能力のある人物である。どうやってその人材を見つけるのだろう。それにはいろいろな条件がある。

面接でその条件に照らして逐次《ちくじ》判断をし、最終的に「わが社に必要な人材」か否かの判定をくだすのだ。

■企業が必要な人材を見分ける条件

① 積極性・自発性

与えられた仕事をそこそこにこなすだけでは通用しない。その仕事を能率よく仕上げるには何が必要かをつねに考え、それを実行に移せるか

② 創造性・独創性

仕事を自発的に考えて、そこに何かをプラスすることが、さらに次の仕事につながっていく。改善意見を示し、独自の新しい提案ができるか否か

③ 適応力・協調性

組織の一員として仕事をするからには、チームワークを乱すようでは企業人失格である。互いに協力し合ってこそ組織の力は発揮される

④ 指導力

組織はいくつかのチームで成り立っている。そこで、組織にはあらゆる段階でチームをまとめ、みんなを引っ張っていくリーダーが必要になる

⑤ 責任感・実行力

たとえ創造性がある企画でも、それが実行されて成果を上げなければ意味はない。企業では、仕事に責任をもち、それを実行に移す能力が必要最低条件である

⑥ 柔軟性・粘り強さ

仕事には障害や困難な状況に遭遇することがよくある。そのときに、現状を把握し、障害をひとつずつ解消することができるか。目的を達成させる粘り強さと忍耐力が求められる

⑦ 豊かな個性

組織は、能力や資質の異なる人の集まりである。豊かな個性をもった人々が互いに補い合い、切磋琢磨し合って組織を発展させていく

⑧ 向上心・自己啓発意欲

自分を磨きたい、向上したいとする意欲。また、進んで新しい知識や技術を学ぼうとする意欲があるか。これらがあれば、よい仕事をする能力を身につけ、その人の人格も高めていくことになる

第6条 相手をひきつける決め手のひと言！

面接は、自分の人生を決める「晴れ舞台」である。

自分のいちばんよいところを出しきって拍手喝采《かっさい》を浴びよう。そのくらいの覚悟がなくては、合格は望めない。居並ぶ面接官の前で、「自分がいかにこの会社にとって必要な人材であるか」ということを印象づけよう。

大切なのは、自信をもって堂々と振る舞い、自己の能力、可能性、そして仕事への意欲を誠実に話し、「どうぞ私という人間をよく見てください」と、自分をアピールすることである。聞かれたから答えるという消極的な姿勢ではなく、質問をきっかけにして、自分から相手に語りかける積極的な発言を心がけなくてはならない。

そのためには、決め手のひと言が必要だ。それを探すために、まずは自分にキャッチフレーズをつけてみよう。そして、自分の夢を将来の設計図として描いてみよう。その過程で相手に自分を印象づけるひと言が見つかるはずだ。

どうしても見つからないときは、入室するときに「お願いします」、退室するときに「ありがとうございました」と、素直な気持ちではっきりいうだけでもよい。相手の印象はかなりよくなるはずだ。

▶決めのひと言は、自分を見つめ直し、将来の夢を考えたときに思い浮かぶ「自分自身のキャッチフレーズ」だ

第7条 無意識の動作やしぐさで失敗するな

好ましくない人間性というものは、少なからずあるもので、面接官に首をひねられるのは、こんな人物である。

■面接官の印象が悪い人物

①意思不明瞭な人 ➡ 志望動機がはっきりしない。どうして入社したいのかが伝わってこない

②積極性がない人 ➡ 入社の意欲が感じられない。考え方が後ろ向きだ

③若さがない人 ➡ 年齢に似つかわしくない。清新さとバイタリティが感じられない

④自己中心的な人 ➡ 協調性、適応能力に疑問がある。チームワークを乱しそう

⑤自意識過剰な人 ➡ 実力が伴わないのにプライドだけが高いタイプ

⑥持続性がない人 ➡ 何でも中途半端。真剣に何かに取り組んだ経験がない

⑦不健康な人 ➡ 物腰、服装などから清潔感を感じない。健康的な雰囲気がない

⑧没個性的な人 ➡ 可もなく不可もない。印象が薄く、人間的魅力がない

■面接でやってはいけないこと

①自説を論じる ➡ 立場をわきまえていない

②縁故関係をひけらかす ➡ 縁故関係は質問されてから説明

③家庭の事情にする ➡ 家庭の事情を前面に押し出した回答は自主性がないと判断される

④弱点を突く ➡ 業績不振など会社の弱点をついてはいけない

⑤腹を立てる ➡ ムキになり、不快な表情を見せてはいけない

⑥横柄な態度をとる ➡ 足組み、腕組み、ふんぞり返るなどは、尊大な態度とみられる

⑦悪いクセ ➡ 貧乏ゆすり、髪をさわるなどは悪いクセ

第8条 優等生の答えは聞きたくない

これは、他人の言葉でしゃべる人という意味である。

優等生は、一般的に新聞や雑誌などからいろいろな情報をたくさん入手していて、それをしっかり頭に入れている。つまり知識が豊富で、分析もできていて話す内容がまとまっている。

しかし、このタイプの人の話には書物に出てくる熟語や形容詞が多く含まれていて、切実感がない。上のほうから客観的にものをみて、なかなか自分が出てこない。そのため一般論に終始することが多く、印象が薄い傾向がある。

最近では、ちょっとわからないことがあってもインターネットで検索し、大まかな情報は簡単に手に入れられるので、一般論だけは「いっぱし」に語る優等生タイプが増えている。

しかし、相手に話したい内容がきちんと伝わり、印象に残るようにするには、書物やインターネット上に書かれている「他人の言葉」ではなく、自分がふだん使っている言葉で語ることが大切だ。

それには話したい内容について自分でもう一度確認し、納得しなければならない。分析ができていなくてもよい。考え方が多少稚拙《ちせつ》でもよい。必ず自分で考えた意見を自分の言葉で話すようにしたい。

▶自分の言葉で語るためには、話したい内容をしっかり確認し、納得することだ

第9条 エントリーシートが1次選考だ

企業が新卒者を採用する場合重要視するのが、面接とエントリーシートだ。エントリーシートがなぜ重要視されるかというと、エントリーシートで第１次選考を行うことが多いからだ。

就職活動では、エントリーした企業の説明会などに参加したら、次にエントリーシートを提出するというのが一般的な流れである。人気のある企業では、提出されるエントリーシートの数は膨大で、当然応募者をエントリーシートでふるいにかける。もちろん企業によって対応は大きく異なるが、エントリーシートが通過するのは平均３～６割、大企業や人気のある業界では１～３割ともいわれる厳しいレベルにある。エントリーシートとは就職活動の最初の関門なのだ。

エントリーシートは、企業によって様式やスタイル、質問項目はさまざまだ。提出方法もWeb、郵送、説明会へ持参するなどに分かれる。もし、応募者のエントリーシートに企業の求める情報が書かれていなかった場合、企業側に「面接で尋ねてみよう」と思われればまだしも、「よくわからないから不採用」となっては元も子もない。また、エントリーシートの質問項目を分類してみると、「自己PRしてください」という項目と「当社を志望した理由」のふたつの項目に大別される。これは面接と同じで、企業にとって知りたいのは結局その２点なのだ。

▶エントリーシートでは落とされにくい企業であっても事前選考は必ずしているので、絶対に手を抜いてはいけない

第10条 エントリーシートの評価ポイントを探れ

エントリーシートは履歴書などの書類とともに企業に提出する重要な書類であり、履歴書とはその性質が決定的に異なる。

履歴書はその人の過去を物語る書類だが、エントリーシートはその人の未来を物語る書類なのだ。その違いを忘れてはならない。

エントリーシートは、応募者本人より先に相手企業に乗り込み、本人に代わって未来を語ってくれる。だからエントリーシートはあなたの分身であるともいえるのだ。

企業によりエントリーシートの様式や書かせる項目は異なるが、企業の意図ははっきりしている。企業は、志望している学生がはたして自社がほしいと思う学生であるか否かを知りたいのだ。それをみるためにエントリーシートを書かせ、学生の「仕事への意欲」「職業観」「人生観」「会社への適性」を見極めようとする。

それらの評価ポイントを意識すれば、エントリーシートの書き方も自然とわかってくる。つまり、エントリーシートは「将来の自己PR」であり、「志望動機」そのものなのだ。この要点をはずしては、いくら誇らしげに「○○大学○学部」での成績を書き並べても、「サークルの幹事を務めた」と書いても、アピールはできない。エントリーシートに記入するときには、このことを肝に銘じ、「いざ出陣」の意気込みで向かってほしい。

▶自分の分身であるエントリーシートに、志望動機と自分の将来像を誠心誠意アピールしよう

第2章

本当の自分を伝える「自己紹介・自己PR」

Check!! 自己紹介のポイント

この章では、「自己紹介をしてください」という質問に対する答え方を考えてみる。質問の形式は「あなたのセールスポイントは」「長所はどんなところ」「人からはどのようにいわれていますか」というように、いろいろな聞かれ方がある。これらはすべて「あなたはどんな人ですか」と聞いているわけで、自分について語れということだ。

つまり、あなたは自分という「商品」を売り込みに来たセールスマンで、「商品」の特徴を最大限アピールして成約（内定）させなければならない。そういう意味で、自己紹介のしかたとは、自分を売り出す「セールストーク」のテクニックといってよい。

■自己紹介でやってはいけないこと

①否定的な発言

気が弱いのでセールスは苦手、ちまちました仕事は好きじゃない、そんなことやったことがない、人前に出ると上がってしまう、など

▶自分に自信のない人やマイナス思考の人は採用したくない

②内容のともなわない言葉（形容詞など）の多用

いろいろな経験、何にでも挑戦、など

▶「いろいろな」ではどんな経験をしたか伝わらない。ひとつに絞り、具体的にどんな経験か述べる

明るい性格です、打たれ強いです、など

▶どう明るいのか、打たれ強いことを立証できる話はないのか、面接官は形容詞だけでは納得しない

③自慢話

努力家です、SNSに毎日投稿しています、英語が得意です、サークルの部長でした、など

▶それがどうした、といわれかねない。それだけでは自己紹介ではない。その資質や経験を仕事面でどう生かすかまで説明しないと自分を語ったことにはならない

自己紹介の答え方チャート

❶ アピールポイントをひと言で

↓

❷ そのポイントを立証するエピソード

↓

❸ そのポイントを仕事にどう活用できるか

■自分を売り込むセールストークとは？

①自分の特徴をひと言で表現する

- 自分を客観視する
- 自己分析する
- 友人からの評価を参考にする
- 他人にはない自分なりの長所をまとめてみる
- 自信のもてる強みを考える

②自分の特徴を伝えるためのエピソードをあげる

- その資質のおかげで困難を克服した例
- 自分を成長させた経験（思い出話だけではだめ）

③その資質を入社後どう生かすかをアピール

- 仕事を遂行する力がある
- 仕事に対して前向きに取り組む
- 人と協力し、ひとつのことを成し遂げる

Q1 自己紹介をしてください

A 根気と努力をアピール

私はかなり根気があるほうだと自負しています。❶何事もコツコツと努力し続けるタイプです。

たとえば、私は実用英語技能検定１級を取得していますが、その勉強もかなり早くから計画を立て、じっくりと目標に向かって努力してきました。大学に入ったとき、これからの企業人には英語は欠かせないツールだと思い、３年計画で１級を取得しようと決意しました。英会話教室に通い、そこの到達度ステップに合わせ、１年目にはここまで、２年目にはここまで、という具合に細かい目標を立てて勉強しました。そのかいがあって、予定より早く目標を達成しました。これも、根気と努力の成果だと思います。

そして、今回の英語の勉強を通して、集中力も養われたと実感しています。これからも、社会人となったら、持ち前の根気と努力、そして集中力で仕事をしていきたいと思っています。

評価とアドバイス

★結論を先に明示し、事実を具体的に話し、さらに決意を述べているのでわかりやすい。❶

★特技と資格も簡潔に述べているので、説得力がある。

A 責任感と行動力を強調

私には、責任感の強さと行動力があると思っています。これまで自分に任されたことは必ずやり遂げてきました。もちろん、それがほかの人の協力に支えられていることも知っています。去年の秋、学会があり、私が責任者となって発表する機会がありました。

そのときも、研究室に泊まり込み、ゼミの仲間や院生の方にも手伝っていただき、大きな課題に取り組みました。その成果

面接官はここをみる! 客観的に分析できることが、社会人としての条件であり、自分を語らせることでその人の「人となり」をみる。また、自分に誇りをもてない人は仕事もできないと判断する。

をまとめて学会で発表できたことで、私はみんなでひとつのことをやり遂げることを学びました。この経験を今後の仕事にぜひ生かしていきたいと思っています。

評価とアドバイス

★責任感と行動力のふたつのセールスポイントに加え、協調性もアピールしており、好感がもてる。

★アピールしたい内容を具体的に述べている点は評価できる。

A 確実・慎重さがモットー

私は、どちらかというと慎重な性格です。石橋をたたくほどではありませんが、その石橋を観察するぐらいの慎重さはあります。急いでむやみに渡るようなことはしません。❶

たとえば、重要な用事があって友だちと２週間先に会う約束をした場合、約束した日の２～３日前にはメール連絡し、返事がなければ電話をします。

外出の予定があれば、前日に持っていくものをそろえるなどして、準備を怠りません。私は、確実・慎重をモットーにして、仕事をしていきたいと思います。

評価とアドバイス

★約束事の再確認をするなど几帳面な点を、具体例をあげて述べたことは評価できる。

★ことわざを使った説明はユニークでわかりやすい。❶

★ただし、“慎重な性格”は前面に出してPRするには印象が弱い。消極的ととられないよう、具体例の選択に工夫を。

A 世話好きな性格を前面に

私は、人の面倒をみるのが好きです。❶子どもでもお年寄りでも、困っている人を見るとつい声をかけてしまいます。転校生が入ってくると、図書室はここ、音楽室はここ、と学校中を案内して回ります。お節介かもしれませんが、その人の立場になって何をしてほしいか考えると、そうすることが親切だろうと思うのです。

仕事をしていくうえでも、お客さまの立場に立って考え、お客さまのためになることをいとわずに実行していきたいと思っています。

評価とアドバイス

- ★長所やPRしたい点がたくさんあって、選ぶのが難しいのが実状だろう。だが、ポイントはひとつに絞ることが大事。いちばん訴えたいことを結論として最初にいう。❶
- ★性格を仕事に関連させるのはよいが、それを狙うなら、どの職種のどういった面に貢献できるかまで掘り下げられるとよりベター。

A 実行することが信条

私のセールスポイントは実行力です。台風○号のときも、思い立ったらすぐにボランティアにかけつけました。❶実行せずにじっとしていたのでは、物事は解決しません。とにかく走り出し、走りながら考えるというのが私のやり方です。行動すれば結果はおのずからついてきます。

もちろん、計画性や状況判断の必要性も認識していますが、問題を前に躊躇《ちゅうちょ》していては何もできません。まず動いてチャンスを逃すな、というのが私の信条です。

評価とアドバイス

- ★まず行動するという結論と、それを裏付ける具体例をすぐにあげた点は評価できる。❶
- ★意欲的な表現だが、論旨《ろんし》があらく、独善にすぎる。議論をするより、エピソードを語れ。

A プラス思考の楽天家

私の性格をひと言でいえば、プラス思考の楽天家ということです。高校の部活で、あと一歩で全国大会出場を逃したときも、ほかのメンバーが泣いているのを慰《なぐさ》めながら「この経験はきっと将来役に立つ」と思っていました。大学２年のときに父が他界しましたが、そのときも、父が私に独立心を養うよう声援してくれているのだと思い、アルバイトと奨学金で学業を続けました。

でも、ほんとうは楽天家なのではなく、落ち込むのが怖いから、あえてプラス思考で物事を考えようとしているだけなのかもしれません。❶

評価とアドバイス

★プラス思考をモットーにがんばっていることがよくわかる。

★エピソードをふたつあげている点は散漫な印象を与える。

★後段で前言を否定する発言をしているが、この場合は本音を出してもよいケースだろう。❶

A 積極性と好奇心の旺盛さを訴える

私は好奇心が旺盛で、何にでも興味があります。学生時代のアルバイトだけでも、ファストフード店、コンビニ、スーパー、郵便配達、家庭教師、イベントのスタッフ、道路工事、警備員など、数多く経験しています。興味を覚えると、何でもやってみたくなるのです。

興味をもって仕事をすると、社会のしくみもわかり、経験することでいろいろなことを学びました。これから、社会人になっても、好奇心を失わず何にでも積極的にチャレンジしていきたいと思います。

評価とアドバイス

★アルバイト経験を語る学生は多いが、数を誇っても意味はない。忍耐力がなく、移り気だととられかねない。

★アルバイトから学んだことを、もっと具体的なエピソードで語りたい。

Q2 1分間で自己PRをしてください

A 体力には自信がある

私が最も自慢できるのは体力です。大学の３年間、ラクロス部で競技をしていましたから、体力には自信があります。大きな人と競り合っても当たり負けしませんでしたし、試合中ずっと走り続けても息が上がることはありませんでした。

厳しい練習についていけたことで集中力がつき、根性もきたえられたと思います。

仕事をするうえで、この体力とがんばれる精神力は、私の誇れる資質だと自負しています。

評価とアドバイス

★健康や体力に対する自信は、セールスポイントとしてアピールするには最適。

★体力だけでなく、精神力をも巧みに売り込んでいる点はよい。

★長所を仕事に結びつけて締めるところなどは評価できる。

A 精神的な強さがある

私には精神的な強さがあります。

昨年夏、友人たちと４人で南アルプス縦走をしたのですが、天候が急変し、霧にまかれて道に迷ってしまいました。雨の中で日が暮れて、動くのは危険と判断した私は、パニックになっ

面接官はここをみる! 自己紹介という意味では同じだが、1分という制限時間をつけることで、的確な表現力があるかを試す。ポイントを絞れるか、強調したい点を説明できるかで、対応力をみる。

ている友人たちを説得し、その場でビバークし、翌日明るくなってから縦走路を見つけ、遭難《そうなん》を免れました。友人たちは私を命の恩人だといい感謝してくれました。

私には、このような冷静・沈着なところがあります。❶これは仕事でも生きてくると思います。

評価とアドバイス

★長所を強調するのに、具体的な事例をあげて説明する方法はよい。

★自己紹介は自慢話ではない。自分だけをヒーローにしては、聞く人にも反感を与える。

★自分に対する評価を自分でくだすのは感心しない。❶

A チャレンジ精神が旺盛

私に自慢できるところがあるとすれば、それはチャレンジ精神だろうと思います。大学に入ったとき、ろくろで茶碗をつくっているところを見ました。私もやらせてもらったら、見事に失敗し、それでチャレンジ精神に火がつきました。以来、3年間、陶芸サークルで大学生活を過ごし、いまでは大きな花瓶もつくれるようになりました。

また、去年はフルマラソンに挑戦し、完走しました。日商簿記検定や漢字検定などにもチャレンジし、目標を達成しています。今度は御社にチャレンジし、社会人になってもこのチャレンジ精神でがんばろうと思います。

評価とアドバイス

★チャレンジの例をあげ、わかりやすい説明になっている。

★例は多ければよいというものではない。絞れるなら絞りたい。

★チャレンジすることだけに目がいきがちだが、そこから何を学んだかを導くとなおよい。

Q3 あなたのセールスポイントは何ですか

A 人と親しくなるのに労力を惜しまない

コミュニケーション力です。どんな状況、どんな相手に対してでも話しかけることができ、たいていの人と仲よくなってしまいます。

ボランティアで老人ホームを訪問したとき、❶気難しいと評判のおじいさんがいました。職員の方とも打ち解けず、ボランティア仲間も敬遠している人でした。私は、その人がプロ野球の応援団の一員であった方だと聞き、いくつか応援歌を覚えていきました。

そして、その人のところへ行き、若いころの話を聞かせてとせがみ、野球の話がでたところで応援歌の一節を口ずさんで、「こんな歌でしたっけ」といったら、その人が意外そうな顔をして、その歌を最後まで歌ってくれました。それからは、すっかり仲よしになり、職員の方にも驚かれました。

私は人とふれあうことに労力を惜しみません。ですから、この性格を御社の業務に生かしていきたいと思います。

評価とアドバイス

★エピソードを効果的に用い、引き込む力がある。❶

★会社の業務と自身の性格の合致を強調している点は、高い評価を得る。

★エピソードを語ると長くなるので、簡潔に話す工夫をしたい。

A まじめが取り柄

私のセールスポイントは、何事にも一生懸命、まじめに取り組むことです。それでは面白味に欠けるといわれそうですが、私はまじめがいちばん大事だと思っています。

授業で課されるレポートも、友人のなかには、本をまる写しにする人がいますが、私はあくまでも、文献を調べ、実地調査

面接官はここをみる! やはり自己分析力を問う。自己という商品をどう売り込むのか、プレゼン能力、営業力もみることができる。調子に乗って自慢話をするようなら、即不採用。

をし、資料を集め、何度も大学図書館に通って仕上げます。それはよい点がとりたいからではなくて、そうすることが自分のためになると信じるからです。

自分にできることは誠実にそれを実行する、というのが私のやり方で、それをセールスポイントにしています。

評価とアドバイス

★まじめさは仕事をするうえでの基本。セールスポイントにはならない。

★レポートの例をあげ、それを自分のためとする考え方は理解できる。

★印象の薄いセールスポイントを、自分の言葉で主張しているので、説得力がある。

A 明るさでは負けない

セールスポイントは明るさです。❶子どものときからクラスのみんなを笑わせたり、楽しませることが得意で、ムードメーカーといわれています。

私は、元来楽天家で、失敗しても落ち込むことがありません。くよくよしたって始まらない、明日は明日の風が吹く、笑う門には福きたる、というのが私のモットーです。

評価とアドバイス

★結論を先にいうのはセオリーどおり。❶

★笑わせることと明るさとは違う。説得力のある内容ではない。

★表情や話しぶりで明るさを際立たせよう。

★モットーを述べるのはよいが、手あかのついたことわざでは安直すぎる。羅列すればよいというものでもない。

Q4 あなたはどんな性格ですか

A 積極的な性格

自分では積極的で前向きな性格だと思っています。たとえば、友人どうしでどこかへ行こうという話になったとき、真っ先に賛成するのが私です。賛成するだけではなくて、幹事役をかってでて、計画を推し進めようとします。実行するのが難しいかな、と思われるときでも「とにかくやってみようよ」と仲間を巻き込んでやれるところまでやってみます。

もちろん、失敗したこともありますし、計画が100%達成できなかったこともあります。

そういうときでも、私は「これを経験にして成長しよう」と、思うことにしています。実行しないで後悔するより、挑戦して失敗するほうが、自分のためにもなり、自分らしいと思うからです。私はそんな人間です。

評価とアドバイス

★自分を客観視している表現がよい。

★性格を表現するのに、具体的な例をあげているのがよい。

★長所は短所でもある。見通しもなく突っ走るのは計画性がないともとられかねない。

★失敗して反省もしないのでは成長はない、という見方もある。

★結論を明確に示すこのまとめ方はよい。

A 几帳面なので緻《ち》密《みつ》に計算

周りの人たちからは「几帳面だ」といわれます。❶確かに、何かを始めるとき、たとえば資格試験の勉強をするときなどは必ず計画を立て、それに必要な労力と時間を計算し、目標を達成するためのスケジューリングをするくせがあります。いついつまでにここまでやる、すべてを終わらせるまでには何日かかるなど、細かく計算しておかないと気がすみません。もちろん、

面接官はここをみる!

自己認識の程度を探る。形容詞を多用するようなら、△印。
マイナスイメージの性格でも、本人の自覚があればよい。
この質問は向上心があるかどうかをみる質問でもある。

決めた目標はきちんと計画どおりこなしていきます。

でも、決してその計画にしばられるわけではありません。不測の事態に陥ったときは、計画変更や軌道修正もします。そういう柔軟性も持ち合わせていると自分では思っています。

評価とアドバイス

★客観的に表現するため他人の意見を引き合いに出す。❶

★例が具体的でよい。

★堅苦しい原理主義者でないことを主張した点は評価できる。

★本人が強調するだけでは効果は薄い。実例がほしい。

A 好奇心が旺盛

好奇心が旺盛で、何にでも興味をもち、興味をもったことはとことん調べる性格です。いまは釣りに興味があり、道具、釣り方、釣り場、魚の種類など、いろいろなことを調べました。潮見表などのアプリでも情報の収集と交換をしています。❶

釣りの前は音楽で、クラシックからジャズ、ロック、レゲエ、それからシャンソンやカンツォーネも聞きました。

飽きやすいわけではなく、積み重なっていくという感じで、高校生のときに興味をもった考古学は大学でも専攻するくらいです。

御社の業務にも興味をもちましたので、これからもより一層勉強させていただきます。

評価とアドバイス

★行動力も含めた好奇心旺盛な性格がよく表れている。

★調べるという言葉に対しても潮見表という具体的な方法をあげ、裏づけている点は評価できる。❶

★釣りと音楽、さらに考古学と、興味の対象を羅列するだけでは印象が薄れる。

Q5 あなたは協調性があるほうだと思いますか

A アルバイト経験から協調性を論証

はい、あるほうだと思います。適切な例かどうかわかりませんが、アルバイトでしていた引っ越しの仕事では、皆で協力して作業をしていました。❶タンスや冷蔵庫などはひとりでは持てませんから、どうしてもチームワークが必要です。それが協調性といえるか疑問ですが、チームを組んでする仕事は、私は嫌いではありませんでした。❷やり終えたとき、みんなでねぎらい合うのは、とても気持ちのよいものでしたから。

評価とアドバイス

★まず結論。そして例。このパターンは公式といえる。❶

★自分の経験からの論証は堅実。評価されるだろう。

★「〜わかりませんが」「疑問ですが」といったエクスキューズは必要ない。

★「嫌いではない」は二重否定でまわりくどい。「好きです」でよい。❷

A 和をモットーにしている

周りの人たちから協調性の塊だと言われています。というのは、私は人の和を第一に考え、努力しているからです。

高校時代、バスケットボール部でキャプテンを任されていましたが、ひとりなかなかチームになじまない人がいました。その人は、陰でチームメイトの悪口を言い、反抗的な態度をとっていました。私はその人の不満を聞き、チーム全体の問題として話し合おうと提案しました。そして、その人も交えてチームメイト全員で話し合いの場をもち、わだかまりを解消しました。

私は、自分が和をモットーにしているだけに、ほかの人へも働きかけ、和が保たれるよう積極的に動いていこうと思っています。

面接官はここをみる!

職場で同僚や上司と一緒に仕事ができるのかを探る。面接官も長年の経験から、すぐにそれとわかるが、本人の自覚を知るため、あえてぶつける質問。

評価とアドバイス

★具体的な体験をもとに協調性のあることをアピールしている。この点の評価は高い。

★自分に協調性があることだけをアピールするのではなく、そうあろうと努力していくところは、大きなポイントとなる。

★周りの評価を取り入れると、客観性がより高まる。

A サークルでの経験を例に

幼いころはひとりになるのが好きで、協調性の乏しい子どもでした。でも、それではいけないと思い、大学では邦楽のサークルに入り、合奏を通じて協調性を培ってきました。

その成果なのか、サークル内ではとてもよい人間関係が築け、私も副部長として部長や会計、書記の人たちと会務をこなすことができました。

特に、サークル創立20周年記念コンサートを開催し、成功に導けたことは、みんなが力を結集し、協力し合ったたまものだと思っています。この経験で自分にも協調性があることを知ってうれしくなりました。

評価とアドバイス

★性格面でのマイナスを克服した経験は、好感がもてる。

★例も具体的でよい。

★結論が後回しになっている。

Q6 自分の長所と短所をあげてください

A 粘り強いだけにあきらめが悪い

長所は粘り強いところです。大学でずっと続けてきたテニスのサークルでも、上達しないとあきらめてやめてしまう人が多いのですが、私はなんとか少しでもうまくなろうと、がんばってきました。

試合でも、大差がついていてもあきらめません。１セットでもとろうと最後まで粘ります。

そんな私ですから、短所はあきらめが悪いということです。探し物などはどうでもよいことなのに、見つけるまで半日つぶしてしまったことがあります。

これからは、粘ることの優先順位をつけて、意味のないことへの執着はやめようと思っています。[1]

評価とアドバイス

★同じ性格を表と裏からみた回答。破綻がない。

★短所を克服する意志を示すことは大切。

★長所のPRが足りない。仕事や職種に結びつけたい。

A 集中力は抜群

私の持ち味は集中力です。大学では陸上部に所属し、毎日練習に明け暮れましたが、授業に出るときは集中して聞き、ノートをとり、その時間内で理解するように努めました。さらに、練習と授業の合間を縫って家庭教師のアルバイトをして、学費の足しにしました。そうした掛け持ちができたのは、集中力が

面接官はここをみる! 自己認識を問うが、ポイントは短所のとらえ方。自分の短所をどのように自覚し、それをどう克服しようとしているのか、その姿勢をみる。

あったからだと思います。

短所というと、気が短いところでしょうか。うまくいかないと自分に腹を立て、ついイライラしてしまいます。そういうところを直そうと、囲碁アプリで囲碁を勉強中です。囲碁を始めたことで、自分が少し変わってきた気がします。

評価とアドバイス

★囲碁の例は短所を克服する目的意識が感じられ、評価できる。

★用意していただけの答えのようにも読み取れるので、囲碁によってどう変わったかも例示するとよい。

A 社交的で人なつっこい

人からはよく「社交的だ」といわれます。確かに、初対面の人とでもあまり意識せずに話せますし、パーティなどに出ても、話し相手がなくて困ったという経験がありません。学校ではクラス中が友だちだと思っていました。友人にいわせると、私の目はいつも笑っていて人なつっこい感じがするというのです。❶それを聞いて、私もできるだけ笑顔を絶やさないよう心がけています。

短所は、少しお節介なところでしょうか。寂しそうにしている人を見ると放っておけなくて、話しかけたり、世話を焼いたりしてしまいます。これからは人の気持ちをくめる人間になりたいと思います。

評価とアドバイス

★明朗で素直な人柄が感じられる回答。

★自慢話にならないよう、他人の評価を借りて表現している。❶

★評価される半面、自己洞察に欠けるととられる危険もある。

★「これからは」というところは、具体的に仕事や社会人としての自覚と関連づけて話すとなおよい。

Q7 卒論のテーマは何ですか

A 恐慌という言葉に惹かれた

卒業論文では、「景気波動論」をテーマに研究しています。

景気波動は、景気循環ともいわれ、景気の波が何らかの要因で法則的な循環をとる、と考える説です。

私がこのテーマを選んだ理由は、「恐慌」という少し怖い感じを受ける字面に、何か惹かれるものがあったからです。❶

恐慌というのは、景気後退のなかで経済全体が一時的に麻痺するような状態です。企業の倒産や失業者の急増に対し、欧米ではクライシス（crisis）やパニック（panic）といい、日本では、「おそれあわてる」という恐慌という文字を当てたのが、とても印象深く感じました。

評価とアドバイス

★選んだ理由を述べているが、少し発想が飛び過ぎている。❶

★現在の景気と結びつけて、説明できるとなおよい。

A コミュニケーションに役立つ研究

卒論のテーマは、「社会的葛藤場面における心理ストレス」です。とくに、ストレスと会話の相関性について、研究しています。

このテーマを選んだ理由は、社会に出てから遭遇するさまざまな場面でのコミュニケーションに役立つと感じたからです。

コミュニケーションの印象を特徴づける要素には、ネガティブな感情、ポジティブな感情、そのどちらでもない、情報を伝える会話の３つがあるとされます。

ストレスを感じる場面であっても、あえて感情を表に出さない「情報を伝える会話」に着目することで、冷静なコミュニケーションがはかれると考えています。

研究段階はまだ序盤ですが、今後、卒論を通して学んでいく

面接官はここをみる!

単に卒論の内容を問う質問ではない。なぜそのテーマを選んだのかを回答する。また、卒論への取り組み方や計画性をうまく説明できれば、評価は高い。

スキルを活かし、社内での情報伝達や対外的なコミュニケーションを実践したいと考えています。❶

評価とアドバイス

★卒論のテーマとその選んだ理由を完結に述べている。

★卒論の取り組みを、どのように社会で活かしたいかを話している点が評価できる。❶

A ミツバチの群れを観察

卒業論文の研究内容は「ミツバチの分蜂の分布域」です。

ミツバチの分蜂とは、1つのコロニーに女王蜂が2匹いる場合、古い女王蜂が新しい巣となる場所を探すためにコロニーを出て行くことです。このとき、女王蜂は半数ほどの働き蜂を伴っています。分蜂後はすぐに新しい巣が見つからず、多くの場合、公園の木や建物の壁周辺などに、一時的に「群れ」としてとどまることになります。

そうした「群れ」の分布域については十分な研究がなされていないので、再現性を求めるために、分蜂を開始するタイミングや元のコロニーからの方向・距離などに共通性がないかなどをデータとして収集し、毎日、観察と分析を重ねています。

ここで学んだ「観察力」や「分析力」を、御社の営業職に活かしたいと思っております。❶

評価とアドバイス

★卒論のテーマは専門性が高く、専門用語を並べると難しくなるが、応募者はできるだけわかりやすく説明しているので、プラスの印象を受ける。

★理系の応募者が営業職などを志望する場合は、研究で得た知識を、どう活かせるのか示せれば、説得力が増す。❶

Q8 何か資格をもっていますか

A 英語検定2級

はい、実用英語技能検定２級の資格があります。また、TOEIC® L & Rのスコアは630点です。❶

現在は、経済の国際化、グローバル化が進み、英語が社内公用語になる企業もある時代です。ビジネスの道具として、また国際感覚を身につけて、世界の歴史や文化を理解するという観点からも、英語はますます重要になっています。

幸い、私は英語が好きですので、高校時代から英検２級合格とTOEICスコア600点を超えることを目標にしてがんばってきました。今年、やっとその目標を達成することができ、区切りがつきました。

評価とアドバイス

★計画性と実行力があることがわかる。
★目的意識も明確で、働く意欲が感じられる回答。
★資格といえるのは、英検なら2級、TOEICは500点以上。❶

A 漢字検定準1級

はい、漢字検定準１級に合格しました。２級は高校３年でとり、これで進学や就職に有利だなと安心していましたが、史学科に進み授業を受けると、とても２級レベルでは足りないと思うようになりました。そこで準１級に挑戦することにし、勉強し直しました。この受験を通して、文字と言葉に対する関心と知識の幅がぐっと広がり、日本語の奥深さを学びました。❶次は１級に挑戦しようと、目下勉強中です。

評価とアドバイス

★漢字の勉強を通じて、漢字の知識だけでなく日本語の奥深さを知ったとの回答は好感を得る。❶
★漢字検定で資格といえるのは、2級以上。

面接官はここをみる! 資格そのものより、それを取得した動機、取得までの努力の過程などを聞きたい。または、資格を取得したことで、どう成長したかを知りたい。

A 普通自動車運転免許

資格といえるのは運転免許だけです。父が30年間無事故・無違反の優良ドライバーとして表彰されていますので、私もその姿に憧れて、18歳になったときすぐに免許を取得しました。父の運転は、徹底した安全運転ですから、私もそれを見習って速度違反すらしたことがありません。運転免許は資格としては平凡ですが、私のはただの免許ではありません。父ゆずりの安全運転の免許です。これから御社の仕事をしていくうえでも、この資格は誇れるものだと思います。❶

評価とアドバイス

★資格は平凡でも、堂々と主張しているところは納得させる。

★青年らしい気負いが好感を与えるが、かたくなにならないことが必要。

★結論として仕事に結びつける点はセオリーどおり。❶

A 資格の羅列

はい、まず普通自動車免許、普通自動二輪車免許、実用英語技能検定は３級ですが、漢字検定は２級です。そのほかに、柔道は初段です。次は、ＩＴパスポートと色彩検定に挑戦しようと思っています。

評価とアドバイス

★資格であれば何でもよいという典型例。羅列するだけでは個々の印象は薄れる。

★資格の数や種類より、それを取った動機や背景、取得までの努力を語ることが大事。

Q9 学生時代に最も打ち込んだことは何ですか

A 学ぶ意味と自ら考える習慣

学ぶということそのもので、自分なりに理解できたと思います。高校までは、学校によって学ばされたという意識があったのですが、大学では自分の意志で学びたい科目を選び、自ら考える習慣がつきました。教養課程で「一般法学論」を選択し、それまで法律といえば、人を裁くための規範くらいの大ざっぱな捉え方しかなかったのですが、「悪法もまた法である」という問題に直面し、法を法たらしめるのに正義が必要であるかどうかということを真剣に考えるようになりました。

それまでは「学ぶ」つまり「真似をする」だった学問が、大学では「問う」つまり自ら考えて追究する「思考」に変化しました。これでやっと「学」と「問」がそろったと思います。そういう意味で、大学で学問をするほんとうの意味を知ったと思っています。

この力と方法を身につけたことで、社会に出ても、興味をもったことや知る必要があることなどを、主体的に見つけて考え、調査・研究していく自信がつきました。

評価とアドバイス

★大学の意味を真正面から捉えた正論。未熟だが説得力はある。

★論旨が明快で、具体例も盛り込んでいる。

★社会に出たあとも主体的に学ぶことを宣言して、高評価。

A すべての経験を人生の糧《かて》に

大学ではいろいろな経験をしました。勉学ももちろんそのひとつですが、サークルや自治会活動で得た友人たちとの交流は、何ものにもかえがたい宝です。

また、旅行、ボランティア、アルバイト、その１つひとつが、私にとって貴重な思い出です。といっても、大学生活が決して

面接官はここをみる! 学生生活の過ごし方から社会人としての資質を見極めたい。どれだけ自分の学生生活を客観視して、興味や関心事に打ち込んできたか、語れるか否かを探る。

楽しいだけの日々だったわけではありません。その間には、交通事故で足を骨折したり、父のリストラや、尊敬していた教授の死など、つらい出来事もたくさんありました。❶しかし、それらすべての経験が人生のこやしになっています。

評価とアドバイス

★内容は盛りだくさんだが、うまくまとめたという印象はある。

★ただし、1つひとつのインパクトは弱い。

★どれひとつとってもエピソードになりそうなので、絞り込むことを心がけよう。❶

A 寮生活を通じて多くのことを学ぶ

学生寮での生活です。同級生と話すと、普通の学生の大学内での人間関係は、クラスと部活・サークル、ゼミにとどまることが多いようです。学生寮にはあらゆる学部・部活のさまざまな学生が生活しているので、人間関係の幅が広くなり、よくも悪くも他人とのかかわり方を身につけられた実感があります。

また、学生寮ではフロアごとに学生による自主的な寮会議を定期的に開き、そこでは生活面で気づいたことや寮内で起きた出来事を報告するのが通例ですが、何もないときには希望者が好きなことを発表していました。スポーツや趣味のこと、専門にしている学業・卒論のこと、就職のことなど。大学生が今感じ、必要としているあらゆることを話し合う情報交換の場として学生寮は機能し、とても充実した時間を送れました。

評価とアドバイス

★寮生活のことを簡潔にまとめ、幅広いコミュニティで交流できる人物であることが伝わってくる。

★この場合、寮会議で自分自身が発表し、具体的に打ち込んだことを述べる結論にもっていきたい。

Q10 大学ではどんなことを学びましたか

A 企業の組織論と事例研究

企業ネットワーキングを主に学びました。最近の企業は、権限が下位に委ねられるなど意思決定のしくみが変化してきており、企業組織のネットワーク化が進んでいるといえます。一方で、企業グループの再編がドラスティックに行われています。

たとえば、旧財閥系列のグループ編成から、合弁事業や業務提携などの企業関係が増えていることでも、それがうかがえます。

こうした企業の組織の組み替えに関する理論を学び、事例研究などを行うのが、私の専攻した企業ネットワーキングコースです。そのなかでもとくに、私はベンチャーファイナンスを中心にした中小企業金融を学んできました。[1]

評価とアドバイス

★専攻した学問についての把握ができている点は評価できる。[1]

★自分の学んだことに終始している。学んだことがこの会社でどう役立つのかアピールしたい。

A 国際問題を学んだ

法学部政治学科で国際政治を学びました。国際政治は世界的な視点で政治を学ぶ学問です。特に私の大学ではインターンシップや海外研修などのプログラムに力を入れていて、実際の国際環境での現場体験や、政策の形成過程を学びます。具体的には、インドや東南アジアの政治、各地の紛争解決、NGOの活

面接官はここをみる! 学んできた学問の専門的な知識を問う質問ではない。学んだことをどう仕事に生かせるのか、また、こんな貢献ができるのではないかという、意欲を示してほしい。

動、国際的な人権問題などについて深く学んできました。
　世界中のさまざま問題を理解し、解決策を探るための国際的なスキルと知識を身につけられたと自負しています。

評価とアドバイス
★国際的な視野を広げたという成果を強調している。
★身につけたスキルなど、仕事につながる例を示したい。

A 科学者としての目を製品開発に

大学では材料組織学を主に学びました。なかでも、金属素材をテーマに、その電気の伝導性や耐久性の比較研究をしてきました。実験を何度も繰り返し、そのデータをまとめる地味な研究です。

　しかし、そうした基礎研究を通じて私が学んだことは、1つひとつの小さな事象をおろそかにせずに、きちんとみるという科学者としての姿勢です。日本の経済を下支えしているのは、技術者のそうした地道な努力にあると思います。金属素材は、あらゆる電気製品に用いられるわけですから、御社の製品開発に私が学んだことも少しは役立てられるのではないか、ぜひ役立たせたいと希望しています。

評価とアドバイス
★専門的なことには深く立ち入らず、決意のみを述べている点は面接官にも受け入れられる。
★勉強したことの具体的な説明がないので、インパクトは弱い。

Q11 クラブやサークルでは どんなことをしていましたか

A 鉄道研究会でイベント企画

私は、鉄道研究会に所属していました。本学の鉄研は50人以上の会員を擁する大所帯で、いくつかのグループに分かれています。私は「乗り鉄」と呼ばれるグループで、全国各地の鉄道に乗ってその記録を残すという活動をしていました。

学園祭のとき、乗り鉄の醍醐味を味わってもらおうと、ローカル線の車窓を動画に撮り、列車の座席を再現したシートに座って見られるセットをつくって上映しました。❶

アイデアを提案し、車窓の景色を撮影し、座席のセットをつくるまで、中心となって行動したことで、大きな達成感が得られました。その経験を通じ、主体的に関わっていくことで、自分を成長させることができ、多くのことが学べるのだと実感しました。

評価とアドバイス

★学園祭にポイントを絞っているところが具体的でよい。❶
★体験から学んだことを結論としている点は評価される。
★「乗り鉄」といった略語は補足説明をしたい。
★「多くのことが学べる」では抽象的。何を学んだかを具体的に語ろう。

A 成し遂げる充実感

私は、合唱団に所属していました。そこでは、定期コンサート、学園祭、関東学連コンクール、大学創立記念日式典と、大きなものだけでも年間４つのコンサートがあり、それに向けての準備が大変でした。

しかし、練習を重ね、団全体の歌唱力があがっていくのを日に日に実感しました。コンクールでは練習の成果があらわれ金賞を受賞することができ、またコンサートでうまく歌えたとき

面接官はここをみる! クラブやサークルの紹介をしてほしいわけではない。活動を通じて得た人間的成長の過程を知りたい。職場に入ったとき、さらに伸びることができるかを見極めたい。

は、充実感で涙があふれそうになりました。

仲間と力を合わせて努力すれば、必ず成果があらわれることを、私は合唱団の活動を通して学びました。❶

評価とアドバイス

★活動を通じて何を学んだかを結論とするのは、セオリー。❶

★コンサート名を並べられても、聞くほうはわずらわしい。

A 部員の交流が深まるよう部活動の運営に努める

私が副部長をしている将棋部は、原則として部員同士が直接会って対局する部活動をしていますが、時期によってはオンライン活動をする場合もあります。その場合、部員の対戦は将棋のアプリを使って行います。

オンラインの対戦ではボイスコミュニケーションアプリなどを使って会話はできますが、面前での会話ではないこともあり、勝負の機微がつかみづらいという悩みをよく聞きます。

オンライン活動が続くときには、私たち上級生によるビデオチャットの悩み相談を行っています。そこでは将棋に関する質疑応答はもちろん、普段直接会ってするような、履修科目の相談や効率的なテスト勉強の仕方などを取り上げ、部員相互に大学生活をサポートしあいます。

そうした活動を続けていれば、対面の部活動であっても、オンラインによる活動であっても、勝負を心から楽しんで味わえることを全部員が納得するようになります。これからも部員の交流が深まるよう意見を出し合って、卒業まで部活動の運営に努めていきたいと思っています。

評価とアドバイス

★活動が制限されることがあっても、工夫次第でよりよい交流が続けられていることが伝わってくる内容。

Q12 人からはどのように評価されていますか

A 周りを元気にする明るい人

陽気だといわれます。とくに友人たちからは、カラオケやパーティの席にはなくてはならない存在だといわれます。私がいると、みんなハイテンションになって、元気になるといってくれます。確かに、自分でも落ち込んでいる人を見ると、どうにかして元気づけてあげたいと思うのです。

社会人になっても、職場を明るくし、一緒に働いている人たちを楽しい気分にさせられればよいなと思っています。

評価とアドバイス

★聞いているだけで明るくなるような話しぶりには、好感がもてる。

★明るさのみに絞り、社会人になったときのことに言及しているところも、コンパクトでスマート。

★話し方によってはただのお調子者のように思われるので、表現には注意を払おう。

A まじめといわれるのは不本意

私は、人からまじめだとよくいわれます。以前は、まじめ＝ガリ勉とか、融通がきかない堅物と思っていて、まじめといわれるのがとてもいやでした。でも、約束を平気でやぶったり、

面接官はここをみる!　ひとつは、他人からの評価をどのように客観的に受け止めているか。自己を見る目の確かさが問われる。もうひとつは、他人の評価をいかに自己PRに結びつけるかである。

うそをついたり、時間にルーズな人を見ると、誠実に物事に取り組むことがどれだけすばらしいことか、わかってきたのです。❶

いまではまじめといわれると、自分の生き方をちゃんと見てくれているなと、うれしくなります。これからも、陰日向《かげひなた》なく仕事にも人間関係にも真正面から取り組もうと心に決めています。

評価とアドバイス

★まじめと評価されることに反発を感じていたという説明は、うなずかせる。

★一種の逆説的な主張で興味をひく。評価も得られるはず。❶

★周囲の人からまじめという評価を得ている、という回答だけでは物足りない。

A リーダーシップのある人

積極的で人前に出るのが好きだからでしょうか、人からはリーダーシップがあるといわれます。中学・高校と生徒会役員に立候補しましたし、大学でも社交ダンス同好会の代表を務めました。

後輩たちから相談を持ちかけられることも多く、アドバイスをして感謝されています。人をリードすることは好きなので、入社できましたら、指導的な立場につけるようがんばります。❶

評価とアドバイス

★自信過剰なだけで、自慢話の域を出ていない。もう少し謙虚になろう。

★これでは回答になっていない。評価をしているのは自分で、他人の言葉として語っている部分がほとんどない。他人の評価を語ろう。

★入社後の抱負を述べるところは、意欲が感じられてよい。❶

Q13 あなたはどのような仕事に向いていますか

A 人とふれあう営業職が好き

営業に向いていると思います。私はいろいろな人と出会い、その人と話すことが好きですから、コミュニケーションを重視する営業職を希望します。

もちろん、それだけで営業ができるとは思っていませんが、先輩方に営業の方法やスタイルを教えていただき、ご指導のもとで仕事を覚え、自己研鑽《けんさん》を積み、❶早く一人前の営業マンになりたいと思っています。

評価とアドバイス

★自分の特質を自覚し、希望職種を述べている。
★自己啓発にまで言及している点は高ポイント。❶
★入社後の抱負や決意を語って好感を呼ぶ。

A 研究好きになった理由

研究開発のような仕事が好きです。好奇心が旺盛で、気になることがあるとデータを集めて整理し、そのなかから結論を探るということを得意としていました。

中学生のとき、冷夏の年があり、その前の５年間が猛暑でした。私は、どれだけの違いがあるのか気になったので、図書館で過去５年分の新聞の天気図をコピーし、並べて比較してみました。すると、どうして猛暑になったか、どうして冷夏になったかがよくわかりました。それを夏休みの自由研究として提出したら、市のコンクールで佳作に選ばれました。そのときから、このよう

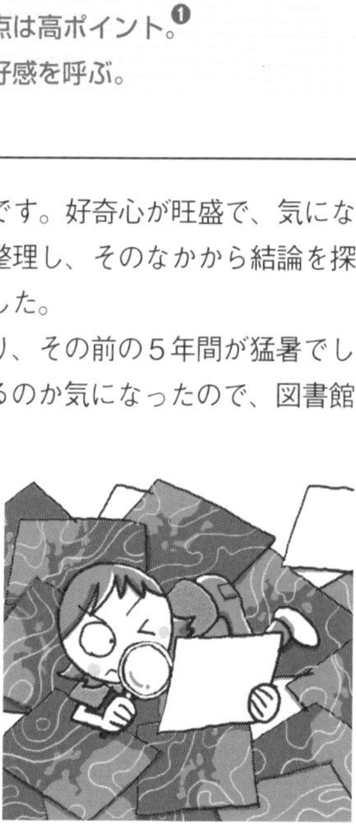

面接官はここをみる!　自分の特質をどの程度理解しているかを探る質問。ポイントは2点。自己認識の深さと客観性。もうひとつは、希望職種への熱意。その整合性がとれていれば評価される。

に調べて研究するという作業が好きになったのです。

私は、御社でもそうした研究開発の分野で貢献したいと思っております。❶

評価とアドバイス

★自己の好みと職種を結びつけた回答。

★自己のもつ資質を、具体例をあげて説明しているところは評価できる。

★好みや性格と仕事は必ずしも一致するものではないが、希望職種は堂々と述べてよい。❶

A 希望職種は商品企画

性格的には、製造など、モノをつくる仕事が向いているのではないかと思います。手先を使う細かい仕事が好きで、趣味のプラモデルづくりをしていると、何時間でも集中できます。ただ、希望職種は企画・調査部門です。大学でもマーケティングを専攻しましたし、それをもとに新しい商品を開発することや、販売方法を企画することに、強い興味をもっています。自分に企画力があるかどうかわかりませんが、御社の新しい製品として、こんなものはどうかと、いつも考えています。

一例を申し上げますと、マリンスポーツ用の耐衝撃腕時計などです。マリンスポーツ用の腕時計は耐久性さえ守っていればどんなモデルを作ってもいい世界一自由な時計です。海上・海中での万一の事故に備える防衛機能についてはまだ多く技術導入の余地があります。

評価とアドバイス

★自己の資質と希望職種が一致しない場合の答え方で、向いている職種よりも希望する職種に重点をおいた回答。

★希望職種に必要な知識はないが、情熱はあることがわかる。

Q14 学部（学科）を選んだ理由は何ですか

A 専門分野を学ぶための最適な環境

第一に、建築デザイン学科は実技室の設備が充実していて、自分が学びたかったインテリアに関する専門知識を追究するのに最適な環境であったからです。

第二は、インテリア、デザイン、建築と多彩な分野で活躍する豊富な講師陣にひかれ、指導を受ける環境として高い水準であると確信したからです。❶

建築デザイン学科では、1・2年次は学部の3学科が共通のカリキュラムで基礎力を徹底強化します。3年次からは、建築物のデザイン、住宅・店舗などのインテリアデザイン、高齢者に配慮した福祉と住環境を融合させたデザインと、それらの保存・再生にかかわるデザインなどを専門的に学びます。

私は、インテリアデザイナーとして、社会に新たな価値や利便性を提供していきたいと考えています。今は、大学の研究・実践を通じて、その想いが一層強くなっています。

評価とアドバイス

★自らの意思で明確な目的を持って、学部・学科を選択したことが伝わる回答。❶

★また、在学中の今もその意識が変わっていないことがわかり、強い印象を与える。

A この業界を志望するきっかけになった

大学を受験した際には、一体自分は将来何がやりたいのか、あまり明確ではありませんでした。そのため学校の選択基準としては、全国からさまざまな価値観を持った人が多数集まる総合大学であること、また、文系の自分が将来の方向性を多様な選択肢の中から見つけられると思われる経済学部であること、その2点にしぼって選びました。

面接官はここをみる! 応募者の興味や関心を確認するとともに、学んでいる学問への取り組み姿勢を見ている。目標をもって将来のことを考えている意欲を示したい。

正直、明確な目的意識を持って学部・学科を選んだとは言えませんが、今はこの学校を選んで本当によかったと強く感じています。❶私が御社を志望するきっかけになったのも、ゼミで知り合った友人がこの業界で長くアルバイトをしていて、日ごろからその面白さを聞いていたからです。

評価とアドバイス

★有名大学だから選んだ、また自分の学力で入れたのがこの大学だったなど、ネガティブな発言はNG。

★ポイントは、たとえ明確な目的がなかったとしても、引け目を感じていないこと。在学中に面白みを見つけることができ、今は充実していることをアピールできれば及第点。❶

A インターンシップを通して進路変更した

大学に入学するときは、将来研究職につきたいと考えており、学部の中でも特に薬剤メーカーへの就職率が高い現在の学科を選択しました。

現在の学科では実験実習にとても力を入れていて、専門性の面白みも感じていますが、この業界のインターンシップへ参加して、将来は介護にかかわる仕事がしたいと思うようになりました。インターンシップの参加当初は、現場でのハプニングに驚くばかりでしたが、今ではトラブルにも臨機応変に対応できる力を身につけました。業界の実情や具体的な仕事内容を確認するなかで、この業界を就職先とすることに一切の迷いがなくなり、進路を変更しました。

評価とアドバイス

★業界のことを学ぶ→視野が広がる、スキルを身につける→志望動機につなげる、という流れで進路変更の理由を説明にしているのがわかり印象はよい。

Q15 自分を動物やモノにたとえると何ですか

A フットワークが軽いカンガルー

カンガルーです。その理由は、フットワークの軽さです。私は、おもしろそうなことがあるとカンガルーのように、ピョンピョンと飛んでいってしまいます。❶また、群れで行動するカンガルーのように、私も仲間との協調性を大切にしています。さらに、有袋類《ゆうたいるい》であるカンガルーのように、私も家族や小さなものへの愛情を大事にしたいと思います。

御社の製品が子供やお年寄りなどへの愛情に満ちているように、私もその心を受け継ぎたいと思います。

評価とアドバイス

★動物の特性と自分の性格をうまくマッチさせている好回答。❶

★協調性や家族愛を話題にするのは、広げすぎ。

A 世界で一番食べられている野菜

トマトです。トマトは、もともと南米の高地に自生していたナス科の植物で、それがヨーロッパに持ち込まれて品種改良され、世界中に広がりました。今では世界で一番多く消費されている野菜で、生はもちろん、煮込み料理、パスタのほか、ジュースやケチャップ、ピューレなどの加工食品としてもおいしく食べられています。

トマトがさまざまな調理で変化するように、私自身、環境が変わってもすぐに周りに打ち解けることができ、自分のやるべきことをやり遂げられる性格です。どんなところでも、臨機応変に対応できる自信があります。

評価とアドバイス

★幅広い調理方法があるトマトにたとえて、どんな環境にも合わせられる適応力をアピールしている。

★もう少し自分の特質をアピールできれば印象深くなる。

面接官はここをみる! 自分の特質と別のものとのイメージを結びつける力、表現力などをみる。いろいろ工夫ができるので、独創性を探るのにも使える質問だ。

A 千里を走るタイガービジネスマン

トラです。タイガースファンということもありますが、トラは「一日に千里往《い》って千里還《かえ》る」といわれています。私の持ち味も、このトラと同じ行動力です。風を起こして千里を走るビジネスマンになりたい、と思っています。

評価とアドバイス

★何にたとえてもよいが、理由づけを工夫したい。

★この回答では、自己分析ができているとは思われない。

A 居心地のいい環境を整える「円卓」

円卓に自分をたとえます。

私は、目立つことや一番に何でもやるというタイプではないですが、仲間内の会話やディスカッション、ちょっとした打ち合わせなどでも、場の雰囲気を読んで人が発言しやすいように質問をしたり、❶皆の意見に相槌を打ったりして、進行が円滑になるように努めます。

円卓、とくに中華料理店などで多く使われる回転するテーブルでは、自分の好きな料理を自分の前に回して、自由に取ることができ、料理をシェアして楽しむことができます。

私は集まった人たちが、気持ちよく食べられる円卓のような存在になることを意識しています。周りの意見を皆が尊重しながら考えを述べられる、そうした居心地のいい環境を整えるのが自分の役目だと常日ごろ思っています。

評価とアドバイス

★想像しにくいものを上げることで面接官の興味をひき、その根拠やエピソードを語ることで強い印象を残している。

★さりげなく発言をうながすようなまとめ役をこなしていることをアピール。❶

COLUMN

自己PRの書き方

エントリーシートといえばまずコレ。自己PRをしてください、という問いに多くの応募者が悩まされる。なぜか。それは「自分を実像以上に大きく見せよう」と心のどこかで思っているからだ。ほかの応募者を蹴落としてでも、自分を採用してもらうには、だれよりも目立つ自己PRを書かなければならないと力を入れすぎるのだ。

▷大学生活を思い返して大事なものを見つけよう

書く前にまずすることがある。それは、自分のこれまでを振り返ることだ。サークルの活動、アルバイトの経験、大学の授業やゼミで学んだこと、友人との交流、そんななかで何をいちばん大事にしてきたか。どういう場面でそれを大事と感じたか。なぜそれを大事と思ったか。それを深く考えてみよう。

▷具体例から自分のアイデンティティを見つけよう

そうすると、自分が最も自分らしくいられるポジションが何か見えてくる。そこには必ず自分がより主体的に行動し、何かを得たことの喜びがあったはずだ。それこそが、自己PRするときの具体例だ。そのときそこに、最も輝いている自分がいたはずだ。それがアイデンティティだ。

▷見つけたものを率直に書いてみよう

具体例から先に入り、その事例から自分の特徴を導き出すという作業をしておくと、自己PRはぐんと書きやすくなる。アイデンティティを見つければ、あとは必要以上に大きく見せることをせず、自分がしてきたことを素直に書けばよい。

第3章

その人の本気度がわかる「志望動機」

Check!! 志望動機のポイント

この章では、志望動機に関する質問への回答例を検討していくことにする。

志望動機で最も多い質問は「なぜ当社を志望したのですか」という問いだが、バリエーションも数多い。業界全体の志望動機の場合もあれば、職種へのこだわりを突く質問もある。何を聞かれても即答できるように、自分の志望理由を確立しておくことが大切だ。

志望理由とは、「大企業だから」「有名な会社だから」「安定していそうだから」といった情緒的理由ではない。そんな理由をもちだしたら、採用はとてもおぼつかないだろう。会社概要に書いてあることをなぞることも、リクルート資料をもとにお世辞をいうのも、ほめられたことではない。採用者が応募者に期待している答えとは遠くかけ離れているからだ。

では、採用者が求めている志望動機とは何か。

それは、その会社のどこに注目し、その分野において自分の持ち味をどう生かそうというのか、入社後何をしたいのか、企業人としての夢と将来を語ることなのだ。それには、その会社の事業内容をよく知らなければならない。また、その仕事に対する興味や関心が深くなければならない。会社とそれを取り巻く業界の研究が不可欠である。

■自分の志望動機を確立しよう

▶志望動機を問う質問に対して、強力な武器となるのが「企業研究」。「企業研究」をすれば必然的に「業界研究」もすることになる。企業研究の資料となるのはつぎのとおり。

- 会社案内・入社案内・募集要項
（企業が発行しているので、請求すればもらえる。ホームページからダウンロードさせる企業も多い）
- 企業のホームページ
- 就職ガイドブック・就職情報サイト
- 企業年鑑・『会社四季報』
- 会社訪問・OB訪問などで直接聞く

志望動機の答え方チャート

❶ 結論（その企業に対して感じた最大の魅力）

↓

❷ その理由（企業研究の結果、自分の志望と一致したところを）

↓

❸ 入社後にやりたいこと・夢（企画書を提示するつもりで）

■志望企業を知るためのチェック項目

- ●業界の現状と将来性
- ●業界におけるその企業の位置
- ●企業の規模と事業内容
- ●業績の推移
- ●企業の資産内容
- ●沿革と特色
- ●経営方針・企業理念
- ●企業体質

▶これらを総合してその企業の将来性を判断する。それとともに志望動機を確立する。

▶まず、その企業のよいと思われるポイントを10ほどあげてみよう。

▶次に、なぜそれをよいと思ったかの理由を考える。すると、自分が考えるよい企業の基準（＝職業観）が見えてくる。

▶さらに、自分がなぜその企業に入りたいか、理由を10ほどあげてみる。

▶それらのポイントどうしが符合すれば、それはすなわち自分に向いた企業であるといえる。自分との相性という点でも、その会社は志望するにふさわしい、という結論に達する。

Q16 なぜ当社を志望したのですか

A 大きな仕事をする機会を求めて

業界における御社のポジションとスタンスに魅力を感じたからです。御社は、業界でも屈指の実績があり、つねに業界をリードする地位にあります。長い歴史をもちながら、改革意欲が旺盛で、社員教育が徹底していると聞きます。つまり、人材登用の伝統があるので、私のような新人でも意欲があれば、大きな仕事をする機会があるのではないかと思いました。[1]

商社の業務は、内外の社会情勢や各種産業の動向と密接につながっていて、時代を読みながらビジネスを進めていかなければなりません。私が大学で学んだ国際関係理論がどれくらい現実の世界で生きてくるのか、試してみたいという気持ちもあります。

評価とアドバイス

★業界内での企業の地位を視点に、なぜ入社したいかを明確にしている。[1]

★商社の事業特性を述べ、それにかかわる自己の希望を志望の理由とした。

A 業界ナンバー1に挑め

私はもともと金融業界に興味があり、とくにその中心である銀行で働きたいと考えていました。そのため、大学も経済学部に進み、主に金融論に力を入れて勉強してきました。銀行を

面接官はここをみる! 志望動機を聞く本当のねらいは、理由ではなく、将来を見据えた本人の意志を確かめることにある。入社したら何をしたいか、何ができるといえるのか。それを示してほしい。

志望するなら、御社をおいてほかにありません。預金高、支店数、ここ数年の業績、どれをとっても業界ナンバー１の御社を志望せずに、金融に興味があるなどとはいえません。正々堂々といちばんに挑め、それが私のモットーです。

評価とアドバイス

★ストレートな志望動機だが、知名度にひかれたととられる。

★企業研究をした点をもう少しアピールしたい。

★業界ナンバー１に挑戦する意気は伝わってくる。

A 社長の個人的な魅力に傾倒

御社の鈴木社長の考え方に傾倒したからです。ずっと以前に、何かの朝食会で鈴木社長の講演を聞いたことがあります。会社は株主のためにあるのではない、従業員の幸せのためにあるのだ、会社を支えることができるのは資本や利潤ではなく人なのだ、という言葉が耳の奥に残りました。

その後、利潤追求に走った企業が破綻《はたん》するのを見て、御社の「人を大切にする家族的経営」が間違っていないことを実感しました。そんな経営哲学をもつ社長のもとでなら、私も何か会社を支えることをしたいと、強く思うようになりました。

評価とアドバイス

★理由は明確で、働く意欲を示した回答で説得力がある。

★業種や職種といったやりたい仕事ではなく、社長個人の魅力にひかれただけでは、入社の志望動機としては弱い。

Q17 当社への志望動機を述べてください

A プロジェクトに興味と意欲

私は有機化学を専攻し、卒論のテーマを「たんぱく質におけるアミノ酸転移酵素の行動」としました。そんな私の興味と情熱をかきたてたのが、御社の事業でした。

会社説明会とＯＢ訪問で、御社が制がん剤の研究、とくに基礎研究の分野から見直し、いままでとは違った視点から開発に取り組んでいることを知り、私の学んだことが生かせるのではないかと奮い立ちました。しかも、基礎研究に若手のスタッフを集中的に配置されていると聞き、私もぜひその一員に加えていただきたいと思いました。

評価とアドバイス

★OB訪問などを含め、企業研究の成果を示した説明で、働きたいとの意欲が伝わる。

★控えめな表現で好感がもてる。

A 会社と感性が一致

それは、御社の制作姿勢が私の感性と一致したからです。私は、もともとファッションに興味がありましたが、有名デザイナーの名前だけに頼るブランド志向には反発を感じていました。有名デザイナーの名がついていてもよくないデザインのものがいっぱいあります。でも、御社は違います。

たとえば、裾の部分を大胆に切り込んだデザインのポップルシリーズなどは、なるほどと感心させられるデザインですが、デザイナー名がついていませんね。ホームページで知ったのですが、あれは入社３年目のデザイナーのアイデアとか。なんて柔軟性のある会社だろうと思いました。

私も、洋服をつくるということにかけては、情熱もありますし、それなりの勉強も積んできました。この会社で、自分の感

面接官はここをみる! 問い方こそ違え、志望動機を答えさせる質問。○○がしたいので志望しました、と答えてほしい。その○○をするには当社でなければならない、という答えが最も望ましい。

性を大いに発揮しようと、志望しました。

評価とアドバイス

★その会社のどこに魅力を感じているかがわかる回答。

★会社は、学生にほめてもらっても喜ばない。批評や提案もときには必要だ。

A ホテルマンとして成長したい

ホテル業界において、国内外からの長期滞在やホテル住まいをしている人の数や割合が大きいほど、そのホテルは信用度が高く、ブランディングに成功していると言えます。私は、ホテルマンになるのが夢でしたから、観光庁のサイトなどから宿泊旅行消費額の推移を検索して、それらの数値を独自に調べてみました。❶

数はホテルの規模に左右されますから率で見ますと、御社が28.6%でトップ。第2位がクイーンホテルの21.8%でした。

インバウンドの回復で長期滞在をされる海外からの団体のお客さまが大幅に増えたのが要因です。私は得意の英語を生かして外国のお客さまにも心のこもったサービスを提供し、日本一のホテルである御社でホテルマンとして成長していきたいと思っています。

評価とアドバイス

★独自の評価基準を示した点は独創的。❶

★入社後、何をしたいかも述べており、評価できる。

★結論は冒頭に持っていきたい。

Q18 この業界を選んだ理由は

A スポーツが好きだから〈スポーツ用品業界〉

何といってもスポーツが好きだからです。力からいってアスリートとしては限界があるとわかったときから、それなら好きなスポーツを仕事にすればいいと思うようになりました。自分がスポーツを楽しんできたことから、多くの人にスポーツの楽しさを教えてあげたい、そういう仕事はないかと思って業界研究をしてみると、いろいろな会社がスポーツ事業をやっていることがわかり、ますますこの業界の魅力に引き込まれました。

球団事務所やイベント会社も面白そうでしたが、幅広いスポーツの普及という観点からスポーツ用品を製造販売する業界を選びました。

評価とアドバイス

★目的意識があり、仕事への情熱が感じられる標準的な回答。

★シビアな業界分析ができているとは思えない。業界研究に力を入れよう。

★この業界でどういう仕事がしたいのか、具体性がない。

★自分の将来計画をもう少し明確に描けるようにしたい。

A 食生活の改革をめざし〈外食産業〉

はい、それは日本人の食生活をより豊かで、健康的にしたいと思ったからです。

現代人にとって外食は、日常的な食習慣であり、生活に欠かすことのできない分野になっています。それだけに、外食産業は国民の健康に対する責任と使命を担っていると思います。

「外食ばかりで健康に悪い」といわれるような時代はもう過去のことです。これからは、「健康的な食事をしたいなら外食

面接官はここをみる! 業界についての知識と理解度をみる。憧れや興味本意で志望する場合も多いが、業界分析がある程度できていれば、不可とはしない。業界研究をしてほしい。

で」と、当たり前のようにいわれなければいけません。そのためにも外食産業は常に栄養バランスのとれたメニューを提案していかなければならないと思います。❶

食物栄養学科で専門知識を学び、栄養学の視点からその一翼を担いたいと志し、この業界を選びました。

評価とアドバイス

★未成熟な論理で、具体性に欠ける。❶

★真剣に考えている姿勢は伝わってくる。最後に資格をアピールし、選んだ理由に結びつけている点も評価できる。

A 体験から保険の役割に気づく〈生命保険業界〉

一昨年、母方の叔父《おじ》が他界しました。いとこたちもまだ小さくて、残された叔母《おば》は苦労しています。叔父が保険に入っていればと、残念に思いました。

また、台風○号のボランティアで被災地を訪れたときにも、保険に未加入で生活に支障をきたす人たちを何人も見ました。それとは逆に、保険金がおりてそれを生活資金や再建資金にしている人たちもたくさんいました。

わが国は台風や地震の多発国ですから、いつ災害に見舞われるかわかりません。災害などは防げませんが、せめて保険に入っていれば安心できるのに、と何度思ったかしれません。

それらの経験から、まさかのときの暮らしを保障してくれる保険の重大な役割に改めて気づき、保険という業務を通じて社会に貢献できるのではないかと思い始めました。

評価とアドバイス

★体験をもとに保険の重要性に気づいた回答。評価はできる。

★仕事への意欲が希薄。情緒的すぎるきらいもあるので、もっと具体的に何をしたいかを述べたい。

Q19 当社は第一志望ですか

A 第一志望と言い切ろう

はい。第一志望です。

父が銀行員だったので、金融には以前から興味をもっていました。一時は父と同じ銀行にとも考えていましたが、いろいろな会社の説明会に参加し、同じ金融であっても業種と働き方に違いがあることを知りました。

堅実な父と違って冒険好きな私には証券業界が向いているのではないかと思い、会社研究を続けたところ、御社のアグレッシブな経営方針が最も私に合っていると感じました。❶

そんなときに御社の募集を見て、運命の会社と巡り合えたと思いました。それからは、御社ひと筋です。ぜひ、私の恋を成就させてください。

評価とアドバイス

★答えにくい質問だが、完全に肯定するのもひとつの方法だ。志望動機を前面に出して、攻めの姿勢で臨もう。

★父親の職業と関連づけると志望動機は説明しやすい。父との違いを出して自分をアピールする方法もある。❶

★志望動機を恋になぞらえるのはあまりすすめられないが、あふれるばかりの入社意欲を示すには有効。

A あえて否定する

正直に言います。御社は第二志望です。

では第一志望はどこかというと、業界最大手のA社です。

この業界を志したなら、とにかく一番を狙わなくてはダメだと思ったのです。壁があるならとにかく挑んでみる。それが私のポリシーです。一度はぶつかってみたい巨大な壁、それが世界のA社です。ですから第一志望をA社としました。

しかし、本当に入りたい会社は御社です。御社は、私の目か

面接官はここをみる!

応募者がかけもちをしているのは当然として、自社への熱意・意欲がどれくらいかをみる質問。言葉だけ「第一志望です」と答えても内容が伴わなければ、すぐに見破られる。

らはとてもユニークに見えます。世界の主流が省エネに向かっているなかで、あえてディーゼルにこだわり、我ひとり別の道を行く、というふうに感じます。その反骨精神のようなものが、私を強く引きつけます。御社の中に身をおいて、業界の常識をくつがえしてみたい。私は強くそれを望んでいます。

評価とアドバイス

★第一志望ではないと断言するのは勇気がいるが、このような否定のしかたなら面接官も納得するかもしれない。

★第一志望ではないと言いながら、最も入りたい会社として志望理由をちゃっかり述べている。

A これが第一志望の証拠

はい。もちろん、最も入社したい会社です。

第一志望の御社の面接を楽しみにしていました。面接していただけることがうれしくてしかたがありません。

この日のために私は御社の首都圏にある店舗を50箇所回りました。地図で場所を調べ、最寄駅からの時間を計り、各店舗では必ず何かを買うためにレジに並び、従業員の対応や客層を観察しました。またトイレを利用し、清掃などもチェックしました。お店の評判などを聞くために、お客様の立ち話などにも耳を傾けました。

それを一覧表にまとめ、私なりに採点しました。それがこれです。ここまでやるのは、御社が第一志望であるからです。

評価とアドバイス

★面接を楽しみにするくらい強い気持ちで臨んでいる。

★第一志望であることの証拠を持参するところは評価される。

★本命に対しては、このくらいの熱意をもって臨みたい。面接官は回答の内容より、こうした熱意、元気さ、やる気をみる。

Q20 就活の軸は何ですか

A やりたい仕事があるか

就活の軸は、やりたい仕事があるかないかです。私は、販促のためのイベントを企画するような仕事がしたいので、そのような部門のある会社を選びます。❶御社でいうと、プロダクツ・マーケティング部門がそれにあたるのでしょうか。

私は、受注するのを待っているような営業はしたくありません。かといって、一軒一軒飛び込みで売り込むような戸別セールスも非効率です。自らが需要をつくり出すような仕掛けを考えて、それを実行するようなことをやりたいのです。

一例をあげますと、パソコンのように普及率が高く、新規需要が見込めない商品では、技術サポートやメンテナンスなどが不可欠なマーケットになります。メーカー保証だけではカバーしきれない、データの移行やアプリケーションの環境設定など、ソフト面におけるサービスを無料キャンペーンとして大々的に展開すれば、それだけで大きな需要が生まれるのではないかと思います。私は、そんな仕事をしてみたいのです。

評価とアドバイス

★自分の考えを明確に表明して説得力がある。❶

★具体的な企画案も用意してあり、積極的な姿勢がうかがえる。

★企画案の内容は、荒唐無稽なものでかまわない。

★発想が奇抜なほうが喜ばれることもある。

A 業界シェア第2位を選ぶ

私が会社を選ぶときは、まず、業界でのシェアに注目します。そして、シェア第2位の会社を選びます。業界トップのシェアを誇る会社は、おもしろくありません。守りに入っているとはいいませんが、上をめざす楽しみがありません。ところが、第2位の会社には1位になる夢があります。そういう会社に入っ

面接官はここをみる! 職業観を問う質問。職業人として働いていくうえで、何を大切にし、何をめざしていくのか、譲れない点は何か、そのバックボーンを探るねらいがある。

て、上をめざしてこそ、やりがい、働きがいがあると思います。

評価とアドバイス

★明確な基準として評価できる。

★第1位の会社より待遇が悪くてもよいかといった追加質問に対する答えも用意しておこう。

A 「笑顔」が就活の軸

自分の就活の軸は笑顔です。学習塾のアルバイトを通じて、生徒と先生の笑顔がともにあふれる現場こそ、理想の職場だと実感しました。生徒の笑顔は、先生にとってこのうえない喜びとなります。

貴校の笑顔の絶えない職場の雰囲気は先輩からよく聞いております。また、日々新しい教育のあり方について皆で考えて意見交換をしていることや、AI教育サービスの開発・展開といった革新的な取り組みを行っていることなどにも大変魅力を感じています。

評価とアドバイス

★自分が働くにあたって譲りたくない要素、こだわりのある点を就活の軸とした回答。志望の意欲を伝えることができていて、説得力が高い。

Q21 当社の事業について説明できますか

A 事業分野を把握する

農業機械、鋳鉄管《ちゅうてつかん》など2000種類以上の製品・プラントで、社会基盤の構築に貢献されています。

とくに最近では、水中ダイオキシンの分解などの独自の技術を生かした環境プラントや低公害小型ディーゼルエンジンが注目を集めています。

現在取り組んでおられる分野は「水に関するシステム」部門、「環境事業」部門、「農業開発」部門、「住宅関連」部門、「産業関連」部門の５部門で、いずれも人の暮らしと密接にかかわっています。

営業面では、アメリカに拠点を設け、海外での市場開拓に積極的に取り組んでおられます。

評価とアドバイス

★会社研究が一応できている回答例。会社の業務内容や特色をつかんでいる。

★このほかにも、他社と比較してどうか、最近の売上の伸び率、業界におけるシェアなども研究しておくとよい。

★自分の志望動機まで語れるとベター。

A 分野別シェアまで調査している

商品先物取引の受託管理ならびに情報提供サービスを主な業務とされていて、そのほかにもファンド販売、ホームトレード、外国為替を手がけるなど、積極経営で業務を拡大しておられます。

この不安定な時代にも、10年連続で黒字決算するばかりか、ここ数年は２桁の伸び率を示しておられます。

私がとくに魅力を感じたのは、業界では売上だけ見るとベスト５に入るか入らないかなのに、１桁違う業界トップのＡ商事

面接官はここをみる!

応募者がどの程度入社したいという意欲と熱意をもっているか確認するための質問。会社案内やホームページの内容以上の企業研究の成果を見せてほしい。

から穀物分野でシェアを逆転させた勢いです。[1]これは、若い社員が元気だからだろうと読みました。

評価とアドバイス

★会社についての知識に加えて、魅力を感じる部分にも具体的に触れた回答例。

★分野別のシェアにまで、調査が及んでいることを意識的に示している。[1]

A 新規事業に魅力を

県下に103校のスクールを展開し、小・中学生・高校生を対象にした進学指導が業務の中心です。知育・徳育のバランスを重視し、受験教育に偏りがちなほかの塾教育とは一線を画した教育をされておられます。私が魅力を感じたのもその点で、学力だけでなく、感性や創造力を育てていこうという姿勢が、質の高い教育サービスを生んでいると思います。

先年は、新規事業として英会話教材を開発し、いまはその普及を事業の一環に組み入れていると聞きます。[1]さらにほかの教材の開発にも注力しておられるということで、ぜひそうした分野でお役に立ちたいと思っています。

評価とアドバイス

★日常業務だけでなく、新規事業にまでアンテナをのばしている点がうかがえて好感。[1]

★自分のやりたい分野も示すことができ、成功している。

Q22 当社のイメージを教えてください

A テーマパークのよう

私が御社のことを知って最初に感じたことは、「何だかテーマパークのようだな」ということでした。いろいろなアトラクションがあって、そのどれにも乗ってみたいような、わくわくしたときめきを感じたことを覚えています。

インターネットのIP制御からWebアプリケーションの構築、スマホのアプリや高速道路交通システム開発、はては宇宙開発技術にまで手を広げているのですから、どの分野を手がけたいか迷ってしまいそうです。

評価とアドバイス

★会社のイメージを表現するだけなら、この回答で十分だろう。

★業務の多様性に魅力を感じていることがストレートに伝わり、納得できる。

★志望動機を問われていることを忘れずに。そういう会社で何をしたいかしっかり意志表示したい。

A フレッシュな社風

フレッシュな若さを感じます。

社長が46歳という若さですし、従業員の平均年齢が32.8歳というのも、その要因です。

さらに会社訪問で感じたのが、若い従業員の方たちが伸び伸びと働いている明るい社風です。先輩に聞くと、入社１、２年の人でも自由に意見が言えるし、それを取り上げてくれるということでした。

財務諸表を見ても、売上高営業利益率が同業他社と比べて高く、高い収益性が見てとれます。❶これは会社に勢いがあるからだと思いますし、そのはずみをつけているのが会社のもつ若さ、フレッシュな社風だと思われます。

面接官はここをみる!　この質問は、企業研究の成果をみることもできるし、応募者の発想力、表現力をみることもできる。自社がどうみられているかという興味もある。

私はパソコンが得意ですし、経営学部出身で財務の基本知識も身につけていますので、入社できましたら経理の効率化に関しての提案を情報処理の面からしたいと思っています。

評価とアドバイス

★外から見たイメージだけでなく、データや会社訪問での印象を織り交ぜて表現したところが良い。

★同業他社と比べることはだれでもやることだが、データを比べると客観性が増す。❶

★そういう会社で自分は何ができるか、何をしたいかまで主張して結んでいる。これは評価できる。

A 住環境を整えるサポーター

サステナブルな地域社会を実現する、住環境のサポーターというイメージです。

不動産管理会社の業務は大きく賃貸管理と建物管理に分けられますが、御社の主力業務である建物管理は、建物や設備の維持メンテナンス、清掃業務のほか、修繕計画の策定なども求められます。❶豊かな緑の価値を損なわない、建物内外の緑化や環境に配慮したマンション・商業施設が多くなっている昨今は、管理会社による住環境の整備がとても大切です。

御社は、建物とその周辺の美観を維持し、資産価値の下落を防いで、人々の快適な暮らしを守っているサポーターというのがぴったりのイメージです。入社できましたら、1日でも早くその環境整備のノウハウを学んで、街づくりの一員として役に立ちたいと思っています。

評価とアドバイス

★業務内容の羅列などは少し固い印象を与えるが、結果として企業研究の成果が表れている好回答。❶

Q23 どのような企業研究をしましたか

A 企業の比較検討をした

インターンシップの参加後は合同企業説明会に出て、興味をもった企業には資料請求をして、ＯＢ訪問で会社の様子を聞きました。さらに大学の就職部で就職四季報などの資料に目を通し、企業のサイトを検索し、くまなくチェックしました。ＯＢ訪問を除けば資料中心の研究ですが、数字などによる同業他社の比較検討などは十分にしたつもりです。

なかでも私の興味のポイントはその会社の事業分野で、自分が入社したらどんな仕事ができるかを課題に企業研究することでした。その結論として御社を選んだわけですが、その理由はやはり、社内起業の制度です。❶私は、商品開発と経営に興味があるので、社内起業制度で自分のアイデアを事業化する希望をもっています。

評価とアドバイス

★平均的な企業研究のパターンだが、興味のポイントを絞ったことで、堅実さを印象づけた。

★企業研究から導きだした結論として志望理由を述べるのは、正当な方法だ。❶

★過不足なくまとまっている。資料研究だけではインパクトが弱いので、ＯＢ訪問の話を広げられるとより具体性が増す。

A 足で集めた情報

私は御社のある○○市の出身で、小さいころからなじみがありました。地元には、御社の社員の方や御社にゆかりのある方が、たくさんいます。

企業研究ということでは、できるだけそういう方たちから御社についてのお話をうかがい､社風を中心に情報を集めました。支店めぐりもして、店内の雰囲気や設備、サービスの質、品揃

面接官はここをみる!
就職に対する熱意をはかるのがねらい。業界への関心度、当社への評価などをみることもできる。志望理由に結びつくような企業研究の成果を期待している。

えなどをチェックさせていただきました。足でした企業研究といえるでしょうか。御社の姿を前線から見せていただいた、ということになります。

評価とアドバイス

★関係者に聞き取り調査をし、支店めぐりをするなど、足で調べたと主張するのはユニーク。

★情報の集め方だけを述べているにすぎない。興味のポイントや志望理由につながる結果を示したい。

A 製品の使用実験を通じて

私はメーカー志望ですから、企業研究もその製品を中心に技術力の比較検討をしています。製品の比較検討といいましても、この業界の製品は一般の人間には入手が難しいのですが、大学の研究室を通して集め、使い勝手や耐久性を実験し、比較してみました。御社の製品は、難燃《なんねん》性、導電性、摺動《しょうどう》性などにすぐれ、他社製品との品質の違いが際立っていました。

この実験を通して、御社の技術力に心酔すると同時に、自分のやりたい仕事、透水性のラップフィルムの開発が、可能性として見えてきました。

評価とアドバイス

★企業研究の方法として、製品テストというのは独自性を感じさせる。

★品質の違いが会社選びにどう影響したか、具体的に話したい。

★やりたい仕事は、もう少し具体的に説明しよう。

Q24 当社について知っていることを述べてください

A ヒット商品の裏話を知っている

私が興味をひかれたのは、「ABパーツ」というヒット商品❶が、御社によって日本で初めて商品化されたという歴史です。

聞くところによると「ABパーツ」は、開発当初採算ベースに乗らず、本品のおまけとして無料で配布されていたとか。一時は生産中止の声もあったのが、当時の若手技師の手で改良が加えられ、テレビで紹介されたのを機に、ブームに火がついたと聞きました。いまでは御社の売上の４割を超す主力商品で、ロングセラーとなっています。

この話は私の入社意欲をかきたてました。御社には技術分野でも広報分野でも若手社員が活躍できるフィールドがあるからです。私は営業志望ですが、御社の製品はいろいろな売り方ができますし、何より潜在的な市場の掘り起こしができるのではないかという期待を抱かせます。

評価とアドバイス

★ありきたりな会社の沿革や概要は語らず、注目商品にしぼって話したことが評価できる。❶

★商品の歴史だけではなく、それが自分にとってどうなのかを表現して、志望動機にまで至っている。これは高得点。

★若手技師が現在役員になっていれば、名前をあげておく。

A 経営姿勢に魅力を感じる

御社は、総合事務機器メーカーから総合ＯＡ機器メーカーへ

面接官はここをみる!　応募者の入社への意欲と熱意を確認するための質問。話題の商品や業績、役員の名前などは知っていてほしい。あるいはどんな職種を志望しているかを、組織に基づいて話す。

の脱皮を成功させ、さらに教育機器まで製品開発されており、とくに昨年の新製品「ガクシュウナビ・プレミアム」はヒット商品として社会的にも注目を集めました。

この躍進は、時代の変化を鋭く読み抜く経営感覚と研究開発へのたゆまぬ先行投資が実ったものと考えます。現状に甘んじることなく、常に事業の拡大をめざす経営姿勢に、私は魅力を感じております。

また、御社は、堅実な経営基盤に支えられて、福利・厚生の面でも充実しており、社員の勤労意欲は群を抜いていると思います。

評価とアドバイス

★事業展開とヒット商品をあげることで、経営姿勢を評価し、自己の興味に結びつけている点は、印象は悪くない。

★事業の拡大をめざす経営姿勢と「堅実な経営基盤」が矛盾していると、突っ込まれる可能性がある。

★会社案内に記載されている言葉を安易に引用しないこと。

A 研究開発に力を入れていることを知っている

「○○」誌の「最も働きやすい企業100社」に選ばれた企業である、ということを知っています。とくに御社は新製品開発に力を入れ、売上高に対する研究開発費率は19%を超えています。

これは、私がやりたい研究開発という仕事に対し、十分なフィールドが用意されているということで、その点においても御社を志望いたしました。❶

評価とアドバイス

★むだのない的確な回答。

★志望動機とその会社の特色をうまく結びつけている。❶

Q25 希望の職種は何ですか

A 販路を世界中に広げたい

営業職を希望します。[1]コンビニエンスストアでアルバイトした経験で、営業職がいかに企業にとって大切か、また営業は企業を成長させることのできるやりがいのある仕事だと実感しました。

現在の御社の販路は国内が中心で、海外は一部の地域に限られています。私はそれを世界中に大きく広げていきたいと思っています。そのためにはまずマーケティングと語学が必要なので、そのノウハウを学びスキルアップをめざします。そのうえで海外の需要を掘り起こし、海外支社を拠点に幅広い営業活動を展開したいと思います。その中心に自分がなればいいなと思います。

御社が世界企業になるために、私の力が少しでも役に立てば、との思いで御社を志望いたしましたので、そのような仕事をさせていただければありがたい、と思っています。

評価とアドバイス

★どんな仕事がしたいかという設問に対し、職種を答えていては、希望職種欄に○をつけるのと変わらない。[1]

★コンビニのアルバイトでは営業の大切さはわからない。せめて接客において経験したことが、営業活動につながるといった流れでアピールしたい。

★夢のような話だが、将来のスキルアップをめざしているので評価される。

★志望動機を語っている点で、最終的に質問の意図に添っているといえる。

A 商品企画を社内起業で

会社説明会では、社内起業制度があるとうかがいました。

面接官はここをみる!

会社がいま取り組んでいる仕事という意味ではない。発想力や企画力を探るねらいもあるので、会社がやっていないことを、自由な発想で答えてほしい。

私は、旅行商品を開発するような仕事を、社内起業でやりたいと思っています。営業の方法はこれから考える課題ですが、商品企画としては、たとえば「パーティバス」のようなものを考えています。❶親しいグループがサロンバスを借りきり、仲間どうし楽しみながら目的地へ向うというパック旅行です。お客さまはサロンバスの調達に苦労をされるでしょうから、それを斡旋《あっせん》するだけでも、事業になるのではないかと思うのですが、いかがでしょう。

評価とアドバイス

★自分で考えた企画を提案するのは効果的。❶

★社内起業で、と方針を示したのも意欲を感じさせる。

★綿密な企画書にする必要はない。アイデアを例示し、熱意を見せることが必要。

A 現場の後に経理部門へ

私は大学で商法や会社法を勉強し、簿記会計の資格もとりました。経理事務には自信もあり、ぜひ働きたい職種です。❶

しかし、はじめから管理部門に配属されると、会社全体の業務内容がわからなくなる恐れもあるので、しばらくは、支店で営業の仕事をし、お客さまの生の声を聞き、第一線の業務を経験したいと思います。その後現場を知った経理のスペシャリストになりたいと思います。

評価とアドバイス

★自分の経験を述べ、やりたい仕事をしっかりと伝えている点は評価できる。❶

★会社の人事に対応するという姿勢は悪くないが、配属を決めるのはあくまで会社であり、自分の計画が優先されることはない。

Q26 中小企業の当社を選んだのはなぜですか

A 社長の人間力にひかれて

高畠玄二郎社長の手腕と人間性に魅力を感じた[1]からです。高畠社長の先見性は、世界経済のけん引役が多極化していくことにいち早く対応されたことが一番で、コロナ禍ではその手腕を発揮され、社長になられたいまも業界での評価が高いと聞きます。環境保護の観点を時代に先がけて提唱したのも驚きですが、刈り取った草を原料に雑草の成育を抑えるシートをつくるというアイデアにもびっくりしました。そしてそれを、世界を相手にして販売する営業力に感心しています。

説明会のお話で「人の和は１人ひとりの心に宿る」という言葉を聞き、人の心を大切にしてくださる方だと、その人柄にひかれました。こういう方のもとで、自分も人間力を磨いてみたいと思いました。

評価とアドバイス

★中小企業は社長の影響が大きい。社長の魅力をあげて志望理由と結びつけるのが常道だ。[1]

★社長の言葉をとりあげると、印象もよく効果的。

A スリムでシャープな経営

中小企業とおっしゃいますが、情報システムソリューションの分野では、業界でも屈指の企業だと思います。[1]

聞けば、営業から総務まですべての人がSEの経験があるというプロ集団ということで、シャープな経営をしておられます。70人に満たない社員数でも、全社が一丸となって技術力で勝負する態勢は、スリムで魅力的です。また御社は、肥大化した組織の大企業では考えられないフレキシブルな事業展開をしておられ、その対応の早さと柔軟性が右肩上がりの業績を支えているのだと思います。

面接官はここをみる! 大企業を志望しない理由を問う。考え方がポジティブかネガティブかを確認する。投げやりな志望動機や、安易な気持ちでの志望なら、採用はおぼつかない。

私は性格的に意気に燃えるタイプの人間ですから、御社のように熱い職場でテンションを上げて仕事したいのです。それが志望の理由です。

評価とアドバイス

★小さいながらも業績のよい会社には必ず得意分野があり、誇りをもっている。その点をうまく突くと好感を得る。❶

★小さい会社の一体感を評価し、自分もそこに加わりたいという意欲が感じられる。

★情緒的な志望理由になってはいけない。業務に魅力を見いだそう。

A 独創的な社風に期待感

事業内容です。

御社は、商品開発に独特な考えをおもちです。野菜を工場でつくるなど、われわれでは考えもつきません。機能水による水耕栽培や、カット野菜の販売といった事業はユニークですが、実際に見てみると「なるほど」と納得させられます。

御社は、独創性を大切にする社風だということをうかがいました。私もそういう突拍子もないアイデアを考えるのが大好きですので、❶社風に合うのではないか、おもしろみのない大企業より自分を生かす道があるのではないかと思い、御社を志望しました。

評価とアドバイス

★事業分野に的をしぼり、自分と関係づけて志望理由にした回答は合格レベル。

★「突拍子もないアイデア」という表現は、皮肉をいっているととられる可能性もある。ほめ言葉であることを説明することも必要。❶

Q27 希望する職種につけないときはどうしますか

A 配属先でベストを尽くす

私にも希望職種はありますが、会社の決定した方針には従います。どこの部署に配属されても、配属先でベストを尽くすつもりです。私は、どこの部署でも与えられた仕事をこなし、実績を積み、経験を深め、企業人として成長していきたいと思っています。そうすれば、将来希望の部署に配属される機会も訪れるでしょう。

いますぐに希望の職種につけないからといって、悲観せず、与えられた仕事を一生懸命に遂行します。

評価とアドバイス

★会社の方針を尊重し、配属先でがんばるという標準的な回答。

★勤労意欲もあり、仕事に対する熱意も感じさせ、好感を得る。

A 業務命令には従う

企業にはいろいろな職種があり、それらが有機的に連携しあって企業活動を成り立たせている、ということは十分わかっています。私にも、希望する職種があり、こんなことをやってみたいという夢もあります。しかし、一個人の夢を優先させる組織などありえません。希望職種につけないことも十分承知しています。業務命令に従うことは、社員として当然のことです。

私を評価してくださって、この職場でやってみろということなら、どの職種でも精一杯勤めさせていただきます。❶

評価とアドバイス

★業務命令に従い、どの職場でも最善を尽くすとする模範回答。

★会社が自分を評価してくれるなら、それに報いるとの決意表明は、好印象を与える。❶

★冒頭で述べている企業についての議論は、さして重要ではない。くどくならないよう注意したい。

面接官はここをみる! この質問は、希望と異なることを要求されたときにどう反応するかを探るもの。自分の希望にこだわりすぎるのは困るが、簡単にあきらめすぎても主体性が疑われる。

A 向き不向きの判断は会社に任せる

御社の決定に従います。私の希望する職種はシステムエンジニアですが、総務系の管理部門に向いていると御社で判断されるなら、それはそれで、自分でも気がつかなかった資質を御社が評価してくれたと感謝し、その仕事に邁進《まいしん》するつもりです。

向き不向きは、好き嫌いと違って自分では意外とわからないものですから、人事のベテランにお任せしたいと思います。とにかく私は、どんな仕事でも一生懸命がんばることを誓います。

評価とアドバイス

★希望職種はいうが、配属は会社に任せるという潔い回答。

★どんな仕事でもよいというと、なげやりな感じがして、意欲がないととられかねないので、話し方に注意しよう。

A 研究職以外考えられない

私の希望職種は、あくまでも研究開発です。それ以外の仕事はやる気もありませんし、できないと思います。

大学院では、従来は動物のコラーゲンを加水分解して得られる合成原料を、微生物を利用して工業的にいかに安価に生産できるかという研究をしてきました。この技術は、製品の安全性、生産時の環境への影響にも優れています。

こうした研究を続けてきた私に、ほかの人たちと一緒に営業をやれといわれても、それは無理です。なんとか、研究所に配属していただくよう、お願いいたします。

評価とアドバイス

★質問の意図を理解していない。ムキになって否定する必要のない質問であると心得よう。

★自己の資質に対する自負はわかるが、あまりにかたくなな態度はマイナスの印象を与える。

Q28 あなたは当社にどのように貢献できますか

A 体力で会社の発展に貢献

私はこのとおり健康で、体力には自信があります。高校時代は柔道部、大学時代はウエイトリフティング部で鍛えてきましたから、体力のいる仕事なら任せてください。もちろん現場の仕事は機械がやりますし、いまどき人間の力仕事で会社が発展するなどと本気で考えているわけではありません。

ただ、私は、体力は精神力の源だと思っていまして、ここいちばんという正念場でがんばれる精神力を身につけるには体力が必要だと信じているのです。

ですから、体力で会社に貢献するということは、どんなに辛い仕事でも、苦しいときでも、踏ん張ることで会社を支えるということで、それはある意味では体力勝負かな、と思っているのです。

評価とアドバイス

★自分を知り、目標とするものをもっていると感じさせる。

★期待感を抱かせる内容で、アピール度は高い。

★取り柄は体力だけ、と思わせてはいけない。知性を感じさせる話し方をしよう。

A 専門分野の知識で貢献

大学で学んだ専門知識をもとに、スペシャリストをめざした

面接官はここをみる! この質問は、自分の能力や資質を客観的にみているかを探るねらいがある。いくら威勢のよいことをいっても、自己中心的な議論をするようでは、評価は低い。

いと思います。御社の案内パンフレットにあるように、空調機器は技術の塊《かたまり》です。私が学んだフッ素化学は、冷媒開発のための必須学問で、御社の技術開発においても中心的役割を担うものだと思います。私は、その分野にある程度知識をもっていますので、さらに研究経験を積み、御社の技術力向上に貢献したいと願っています。❶

それが会社の発展につながればうれしいですし、さらに社会のためになればいうことはありません。

評価とアドバイス

★自己の専門性を強調して、できることをアピールしている。

★貢献できることをあげると、虚言・妄言になりがちだが、この回答は姿勢が謙虚で好感がもてる。❶

A 自分の資質をアピール

自分はとにかく語学が好きで、今でも英語以外に中国語、韓国語と勉強を続けています。語学の本で文法などの基本を学んだあとは、ネットのヒアリングサイトと映画を何度も見て、フレーズとセンテンスを暗記し、会話スキルを上げていくという独自の勉強法です。

自分の語学力を生かし、可能であればアジア方面を担当している国際業務部で働き、将来的には今は交流のないモルジブやマカオと取引をして、御社に貢献したいと考えています。

評価とアドバイス

★「働いたことがない学生では、何に貢献できるかピンとこない」という発想から、志望動機の「入社したら実現したいこと」「～職で結果を出すこと」という答えにつなげれば、一応の回答になる。

★自己アピールは大切なので、前向きな姿勢が伝わるように。

Q29 あなたは当社の将来性をどうみていますか

A 変革に向かう姿勢に将来性をみる

この業界はとくに技術革新の進歩が早く、製品に対する消費者の意識も変化しており、購買意欲にもかげりがみられます。新製品をどんどん生産して市場に送り出せばよい、という時代はもう終わりました。いくつかの工場を整理統合し、かなりの額の予算を傾注して新規にバイオ関連の事業部を立ち上げ、すでに新たな事業展開を進めておられる御社は、この構造改革を必ず成し遂げると、私は確信しております。なぜなら、御社の経営陣は対応が早く、進取の精神にあふれ、従業員は一致団結しているからです。

少なくとも、私にはそうみえます。そんな社風に憧れ、ともに将来の会社を支えたく、志望いたしました。

評価とアドバイス

★企業研究の成果を示しての回答。評価できる。

★社会情勢、消費動向を分析し、新規事業を評価、自らの意見と入社への熱意までも表明している点がすぐれている。

★事業内容についての追加質問に備えておきたい。

A 業績をもとに近未来を予測

日本における食生活の豊かさは目を見張るばかりで、これからはさらに多彩になってくると思われます。それは量的にではなく、質的にという意味です。それに伴い、食品容器の需要はこれからますます伸びていくと考えられます。

御社の業績にもそれが表れていて、7期連続の増収増益を成し遂げられました。近い

面接官はここをみる!

企業だけではなく、企業をめぐる社会情勢などを客観的にみているかを探る。業界での位置や、会社がめざしているものを理解していないと答えられない。

未来についていえば、汁物類の密閉容器とその小型自動食品包装機は、市場を席巻するのではないかと思われます。さらに今後は、自然環境に配慮した食品容器の開発で大きく発展することは確実です。❶

私もぜひ、その推進力の一端を担わせていただきたいと希望しています。

評価とアドバイス

★会社の将来性を語る場合には、しっかりと企業研究をしておきたい。

★最近の製品や開発課題などについても言及している点は、評価できる。❶

★**結論の言葉が弱く、印象を薄めている。志望動機をしっかりと述べよう。**

A 自分の可能性を会社の将来に託す

御社は若い会社で、それだけでも入社意欲を高めますが、将来性を考えると、私のなかでの御社の評価は一気に高まります。

これからの日本は成熟した都市型社会に向かいます。そうなると環境や市民、自然との共生、安全性、快適性、美しさなど新たな観点から街づくりが考えられるようになります。私は、都市プランナーとしての御社の将来性をそこにみます。それは、同時に私の志望動機でもあります。有資格者のプロ集団である皆さんのなかに入り、これからの街づくりに思う存分腕をふるいたい。自分の可能性を御社の将来性に賭けてみたいのです。

評価とアドバイス

★熱意が伝わってくる好回答。

★**企業研究のあとは感じられるが、議論がひとりよがり。論旨を整理して話そう。**

Q30 あなたの夢を教えてください

A 将来は経営の最高責任者に

企業人となるからには会社経営にたずさわり、いつかは最高責任者として会社の舵取りをしたいと思っています。❶

それにはまず、与えられた仕事をきちんとこなし、仕事に必要な資格があれば取る、そうした経験と実績を重ねる必要があります。高い見識を持った人物になれば管理職になり、いつか役員となって経営に参画することも夢ではないと思います。

その過程でもし起業できるチャンスがあれば、自ら会社を起こして社長になり、社会に貢献できるような仕事をしたいとも思っています。いまは夢でしかありませんが、それまでは企業人として日々を大切に生きて行こうと決意しています。

評価とアドバイス

★気宇壮大な夢は若さを感じさせる。❶

★単なる“ほら話”にならないよう、そこへ至るステップも語っている。

★まさに夢のような話で、キャリアビジョンとして伝わりにくい。また、独立について語るのは悪印象を与えることも多い。

A スキルを身につけて起業したい

入社後は、御社で開発されたAIによる保険金支払の自動判定システムについて学び、さらにインフラまわりのスキルを身につけて、若いうちに起業したいと考えています。

プログラム関係の作業とインフラを両方担当できるようになれば、新規webサイトの立ち上げだけでなく、既存のwebサイトの保守・運営などにも大がかりなマンパワーを必要とせず、そのぶん生産性を上げられると思います。

サイトの運営はとにかくいち早く公開をして、その都度こまめに改善していくのが効率的だと思っています。

面接官はここをみる!　私生活や個人的な夢を聞いているのでない。自分の能力を客観的にみて、何をめざしていくのか、具体的なプランを描いているかどうかをみている。

評価とアドバイス

★求人票に「起業を応援する」といった記載のある場合でもない限り「そのうち辞めます」という意識を前面に押し出してくる人を採用する会社はない。

★めざすものやプラン内容は悪くないので、内定を望むなら独立願望は隠して面接に臨むこと。

A　10年後には係長

何年後にはこうなっていたい、というビジョンがあります。

入社１年目、２年目は、とにかく多くの経験を積んで視野を広げます。３年目、４年目で仕事の幅を広げ人脈をつくります。５年後には、「みんなに信頼される仕事をしていたい」❶と思っています。

入社10年後には主任とか係長といったチームリーダー的なポジションにつき、必要な資格があればとり、新しい仕事にも挑戦します。20年後には管理職になり、部下を教育し、会社の経営にも提言できるようになりたいと思っています。

そのためには何が必要か、❷ふだんから自分なりに考えています。第一に自己啓発です。第二に周囲の評価を得ること、さらにそれぞれのビジョンに対し、明確な数値目標をもつことだと思っています。

私はそんな夢に向かって、一歩一歩進んでいくつもりです。

評価とアドバイス

★この表現では曖昧で具体性に欠ける。❶

★キャリアビジョン実現のために何が必要かをあげる点は高く評価される。❷

★自分で成長するという決意を示しているところは好感がもたれる。

Q31 転勤や勤務地について どのように考えていますか

A 最前線での勤務を望む

第一線での勤務は望むところです。国内外の支店は、ビジネスの最前線です。そこで勤務するということは、ビジネスマンとして貴重な経験をさせていただけるわけですから、かえってありがたいと思っています。できれば、最も過酷な条件の支店に配属していただき、あらゆる仕事を経験して勉強したいと思います。

私は、支店勤務はチャンスだと思っておりますから、適性を判断されて、中東でもアフリカでも、どこへなりとも振り分けてくださってけっこうです。

評価とアドバイス

★支店勤務をチャンスととらえる積極性は評価される。

★意欲も考え方もしっかりしている。

★**オーバーに話しすぎると、採用側も疑念をもつ可能性がある。誠実に話すことが大切だ。**

A 命令とあれば従う

業務命令とあれば従います。ほんとうは家庭の事情があり、家を離れるのは心配なのですが、御社を志望するかぎり転勤は

> **面接官はここをみる!** 勤務意欲を問う。転勤により、志望の熱意が失せるようでは心もとない。転勤もいとわないといってほしいが、かといってあまり潔いのも疑わしい。

あるものと覚悟しています。私を必要としてくれる部署があるわけですから、そのときは喜んでまいります。

評価とアドバイス

★消極的な印象もあるが、正直で率直な答え。好感をもたれるかもしれない。

★熱意は感じられないが、安心感を与えるので評価できる。

A 地方勤務を将来の財産に

若いうちはいろいろな勤務地で勉強したいと思います。御社の方針として、入社５年目くらいまでは、地方に配属されると聞きました。私は、もともと地方出身なので、とくに東京にこだわることはありません。地方によってものの見方や考え方、その地方独特の風習や文化があり、そういうところで勤務するということは、将来の自分にとってきっと財産になると思います。

どこの勤務地でも、その場所で最善を尽くして仕事に励みたいと思います。❶

評価とアドバイス

★堅実な考え方を示して水準を超える。

★どこの勤務地でも最善を尽くすという回答は、前向きな姿勢が感じられ、評価される。❶

★「若いうち」や「入社5年目まで」という言葉は、自分で期限を切っているようで、印象がよくない。地方勤務を期限つきで語らないこと。

Q32 紹介者とはどのような関係ですか

A 紹介者は父の親友

御社の金子常務は父の親友です。私が不動産業界に興味をもつようになったのも、子どものころ、父に連れられて近くにできたマンションのモデルルームを見に行き、そこにいらした金子常務の「このマンション、おじさんが建てたんだよ」という冗談を真に受けたことがきっかけでした。❶

大学に入って勉強するうち、不動産業界への志望が強くなり、父に相談したところ金子常務を紹介してくれました。金子常務も、私をよく覚えていてくださり、御社のこともいろいろと教えてくださいました。もし、入社できましたら、金子常務にご迷惑がかからないよう、誠心誠意、力一杯働きたいと思っています。

評価とアドバイス

★エピソードを交えて、紹介者とはとおりいっぺんの間柄ではないことを説明している。

★業界や会社に対する熱意もあり、好感を得る回答といえる。

A 紹介者は近所のおじさん

紹介してくださった小川取締役は、私の住んでいる地域の自治会長さんです。家もごく近くで、私が子どものころは子ども会のお世話をしてくださっていました。そんな偉い方とは知らずに、つい最近まで「おじさん、元気？」などと気軽に話していました。❶

面接官はここをみる! 紹介者のいる応募者は信用度が高い。内定すれば必ず入社するところから人材確保もしやすい。それだけに紹介者とのかかわりが気になるところ。

御社を志望すると決めたとき、母が「A社は小川さんが勤めている会社だから、情報提供してもらったら」というので、おうかがいしたところ役員さんだと知り驚いた次第です。小川取締役は「ぼくが紹介者になってあげよう」といってくださり、ありがたいと思うと同時に「これは安易な気持ちで臨んではいけない」と気を引き締めました。

評価とアドバイス

★近所のおじさんでも紹介者になり得る例。素直で明るい子だったから紹介してくれる人が現れたということが、この説明でよくわかる。

★会話文を取り入れてエピソードが目に浮かぶように話している。具体的でよい。[1]

A 紹介者は大学の先輩

大学の先輩です。年はだいぶ離れていますが、サークルのOB会のお世話をしていて知り合いました。

先輩が御社にお勤めと聞き、厚かましくも紹介していただけないかお願いに行きましたところ、だいぶ考えられたようですけれども、私のしつこさに根負けされたのか、お引き受けくださいました。

躊躇《ちゅうちょ》されたのは、私という人間をあまりご存じなかったからだろうと思いますが、入社できましたら、その懸念を吹き飛ばすような働きをして、ご恩に報いたいと思います。

評価とアドバイス

★よく知らない人に紹介を依頼した例。経過説明は簡潔でわかりやすい。

★「しつこさ」という言葉に入社への熱意が込められている。

★入社後の決意も表明していて、過不足はない。

COLUMN

志望動機の書き方

自己PRと並んで志望動機も、エントリーシートでは大きなウエートを占める項目である。採用者側は、「志望動機」で学生の入社への意欲を探ろうとする。また、職業観や人生観なども読み取ろうとする。

自分の将来を託すのはその会社でなければならないことを、客観的、論理的に書くよう努めたい。

▷自分が何をやりたいのか明確にしよう

まずやらなければならないことは、これからの人生で何を職業とするかを自分に問いかけることだ。それには、自分が何をやりたいのかを明確にする必要がある。嫌いなことを職業にするほど不幸なことはない。好きなこと、興味のあることを職業に選ぼう。

▷入りたい会社のことを調べよう

企業研究のポイントは、❶業界における位置、❷業績の推移、❸規模・資産、❹沿革・体質、❺経営理念・方針、❻特色と将来性などだ。するとその会社の実像が見えてきて、どうしても入りたいという気持ちが高まってくる。

▷会社と自分の相性を考えよう

そして「志望動機」だ。なぜ自分がその会社に向くか、10項目ぐらいをあげてみる。会社と自分との接点（適性）を探し、その会社でなければだめだ（意欲）、と思うまで練り上げよう。会社でやりたいことやできること（能力）を並べ、「これだけやる気がある自分を採用しないと損をしますよ」というように書く。

志望動機のエントリーシートは企画書でもある。夢と希望をちりばめた企画書を書こう。

第4章

考え方や人間性をみる「人柄を探る質問」

Check!! 人柄を表すポイント

この章では、いろいろなことについての意見を聞き、応募者の考え方や人柄を見極めようとする質問への答え方を集めた。質問のされ方は、「あなたは○○についてどう思いますか」というのが基本だが、バリエーションも多い。

採用者側としてはバリエーションの豊富さから質問がしやすく、気軽な調子で何気なく聞くことができる。応募者側は間口が広いため準備ができず、対応が間に合わない。思ったことを本音で話し、「かえって盛り上がったぞ」と喜んだりする。

ところが、これが採用者側のねらいで、質問にはそれぞれ大きな意味がかくされている。うまく答えたつもりでも、思わぬことをチェックされていることがある。質問の真意を見抜き、的確な答えができるようしっかりガードを固めておこう。

■こんな質問の意図はこれだ！（答え方の秘訣）

- **趣味は何ですか……**
  - ▶スポーツや文化に関心があるのか？
  - ▶変な嗜好はないだろうな？

〈答え方〉

健全な趣味を選択→楽しみ方の例・エピソード→結論（仕事に関連づけて）

- **最近の関心事は何ですか……**
  - ▶どんな出来事に関心をもっているのか？
  - ▶政治的偏向はないか？
  - ▶業界のニュースをチェックしているか？

〈答え方〉

関心事→その理由（内容と問題点）→自分との関わり

- **人間関係で大切にしていることは何ですか……**
  - ▶周囲と調和する姿勢はあるか？
  - ▶職場への適応力がある人か？

〈答え方〉

大切にしていること→その理由・エピソード→結論

人柄を探る質問の答え方チャート

❶ 肯定的な結論

↓

❷ その理由（エピソード・具体例を交えて）

↓

❸ 仕事への意欲をアピール
（自分なりの分析を加え、自分に関連づけて）

・いつもどんなテレビ番組（本・雑誌）を見ますか……

▶反社会的な志向をもっているんじゃないだろうな？

▶知性や教養はあるのか？

〈答え方〉

番組名・書名→その理由（内容説明）→仕事への関連づけ

・集団の中でどのような役割を果たすことが多いですか……

▶自己評価はできているか？

▶どのような性格か？

〈答え方〉

役割→エピソード→結論（自己PR）

・上司と意見が異なるときはどうしますか……

▶協調性はあるか？

▶適応力・柔軟性はあるか？

▶上司との関係をうまく築けるだろうか？

〈答え方〉

結論→その理由（エピソード）→上司とのつきあい方（組織への肯定的な参加意識）

Q33 あなたにとって仕事とは何ですか

A 自己実現の手段

自己実現の手段です。❶私はアルバイトの経験しかありませんが、ひとつの仕事を責任をもって行い、そのなかで自分の力を試し、自分らしさを発揮してきました。

たとえば引っ越しの手伝いというアルバイトをしたときに、体の小さい私は体力のある仲間に比べ荷運びの効率が悪いといわれました。運ぶのがだめなら荷づくりの担当でがんばろうと、梱包《こんぽう》にいろいろ工夫をこらしたところ、依頼主から「きっちり包んである」とほめられました。仕事とは、やり方次第で自分を生かす道がいろいろあるんだな、と思いました。そして、そうした経験を積むことで、自分が成長していくのを感じました。

評価とアドバイス

★この質問に対し「自己実現」と答えるパターンは一般化しているが、具体的に例をあげて述べれば、これだけの説得力が出る。❶

★哲学的な問いかけなので、抽象的に答えがちだが、形容詞を多用すると内容が空疎になるので注意。

A 経済的な自立

仕事をするということは､経済的に自立するということです。私の実家は農家で、私が東京の大学で学ぶため、父が仕送り

面接官はここをみる! この質問は職業観を問うものだが、哲学的で回答に正解はない。とくに働いた経験のない学生には難問だろう。アルバイト経験などをもとに自分の言葉で語ってほしい。

をしてくれていました。そんな父の負担を軽くしてやりたいというのが私の願いです。就職して仕事をすれば、自分の生活は自分で支えることができます。それができるようになって、はじめて人として独立したといえるのではないでしょうか。

評価とアドバイス

★自分の思うところを堂々と述べていて、共感できる。

★これだけでは50点。仕事のもつ一面だけしか見ていない。仕事を通じて人間的な成長を遂げたい、というひと言も加えたい。

★自説に固執すると、印象は悪くなる。

A 社会への貢献

仕事を通じて社会的な貢献ができれば、と思います。

私は父を早く亡くしました。そのときの無念さから、将来は医療に携わり、病に苦しむ人を救いたいと思いました。それで薬学部に入り、製薬会社へ就職し、薬をつくる仕事を通じてひとりでも多くの人を救えればと、思っています。

ただ、御社に入社できたとしても、希望の新薬開発部門に配属されるとはかぎりません。でもそれはそれでかまいません。職業に貴賤《きせん》はないといいますが、どんな仕事でも社会の役に立たない仕事はないと信じています。たとえば、総務や営業といった新薬開発の仕事でなくとも、製薬会社を支えることが社会に貢献することになると思います。

評価とアドバイス

★若さと使命感が感じられる回答。一応の評価はできる。

★職業観や自己の希望もさりげなく表現していて、すきがない。

★仕事には社会貢献という一面だけでないことも、念頭においておくべきだろう。

Q34 アルバイトの経験はありますか

A 企業バイト（長期インターン）

はい、あります。長期インターンで運送大手のキュウハイ社さんの営業で働かせていただいておりました。そこでは、商品やサービスを提案して利益を出さなければなりません。そのため「アポを1件以上取らなければならない」と目標を設定し、達成できるようにする必要がありました。

アルバイトと違って企業バイトでは、物事に進んで取り組む姿勢と、目標を設定してそれに向けて行動する実行力を身につけました。さらに、社員の方と同じ実務を経験することができ、営業に必要な基本的な口上や、タブレットを使った営業活動の説明といった専門スキルを習得することができました。

評価とアドバイス

★主体的に長期インターンに取り組んだ姿勢が感じられる。

★アルバイトとインターンシップでは責任の重さが違う。精神的に成長したことを熱く伝えられれば、さらに個性的な回答になる。

A 家業の手伝いから学んだこと

ありません。といいますのも、私の家はパン屋を営んでいますので、ほかのアルバイトをする暇があったら家の手伝いをしろ、と父にいわれていました。

大学に入ってからは、手伝えば多少賃金をくれるようになりましたが、それまでは無報酬でした。パン生地をこねるのは大変で、なぜ機械でやらないのか不満でしたが、手こねは味と風味が全然違うのです。お金をもらって初めてそれに気がつきました。プロというも

面接官はここをみる! どんなアルバイトをしたかを聞く質問ではなく、アルバイトから何を学び、何を得たかを問う質問。その経験を入社後の仕事にどう生かすかまで結びつけられればベスト。

のは、こういうところで仕事に対する誠意を貫いているのだと、改めて父を尊敬するようになりました。❶

私も、社会人になったら、プロとしての誇りと誠意を失わずに仕事に邁進《まいしん》したいと思っています。

評価とアドバイス

★アルバイト経験が乏しくても、それに代わる体験をしていれば、それを述べる。家の手伝いでもボランティアでもよい。

★家業の手伝いから父親の仕事に対する姿勢を学んでいる。これは高得点。❶

A 工場で仕事の厳しさを知る

親からの仕送りが少なかったので、アルバイトは星の数ほどやりました。❶力仕事や単純作業が多く、働くことは辛く苦しいものだと思っていました。とくにバネ工場で働いたときは、鉄の焼けるにおいと水を潜るときに出る蒸気、高温で鉄粉が舞う労働環境のなかで、ほんとうに辛い思いをしました。いまどきこんな過酷な労働をしている人がいるのかと思うほどです。

しかし、そんななかでも従業員の人たちは黙々と働き、着実に生産を上げていきます。すごいと思いました。また、そういう人たちは親切で、気がいいんです。仕事を終えてみんなでシャワーを浴びて、ビールを飲む。そんなわずかな楽しみを支えに働いていました。私は、その人たちに働くことのすばらしさを教わりました。

評価とアドバイス

★アルバイトの数を強調すると、勉学をおろそかにしていたという印象を与える。❶

★それをひとつに絞り、エピソードとしてまとめた点は工夫のあとが見える。労働観がにじみ出て、人間性を感じさせる。

Q35 あなたの趣味は何ですか

A ウインドサーフィンで世界の海を征服

ウインドサーフィンです。将来は、仕事をバリバリこなして、仕事の合間をぬって会社の仲間と、楽しくウインドサーフィンをしたいと思っています。そして、仕事の区切りがつけば海外へも出かけて、世界の海を征服したいと思います。

サーフ仲間のなかには、北米西海岸で、ラッコがおなかの上にアワビを乗せて食べているのを見たという者もいます。私も、いずれはそんな光景を見たいと思います。

評価とアドバイス

★「世界の海を征服する」という発言は若さが感じられ、会社によっては受け入れられることもある。

★余暇重視と思われないよう、自己PRや仕事への意欲につながればなおよい。

A サッカーの観戦で得た分析力

サッカー観戦です。Ｊリーグの大ファンで、配信サービスを使ってほとんどの試合を視聴しています。

私はＪリーグの主な試合ごとに、各チームの選手情報をさまざまなサイトや新聞などから収集し、スターティングメンバーからサブのメンバーまで予想した上で、試合の勝敗を分析しています。

長くシーズンを戦うリーグ戦では、選手のコンディションやモチベーションが試合の流れを大きく変えることがあり、それは選手のインタビュー記事などからも読み取れます。こうした分析を丹念に続けるうちに、勝ち負けの要因までなんとなくわかるようになってきました。それが能力といえるかどうかわかりませんが、物事を分析する力は、ビジネスにおいても生かせるのではないかと思います。

面接官はここをみる! 答えやすい質問でリラックスさせ、その答え方で人柄を見極める面接のテクニックのひとつ。趣味の話を延々とするようでは不可。趣味を通じて得たものなどを語ってほしい。

評価とアドバイス

★サッカー好きを口実に分析力という自己PRをしている。

★仕事に結びつけて売り込むところはソツがない。

★**緻密な性格をアピールするためか、勝敗の予想と分析に重点を置きすぎている。趣味の話はある程度熱くなってもいいから、楽しく語りたい。**

A 人との出会いを求めて旅行に

旅行です。電車でのひとり旅や、友だちとドライブ旅行に何度か行きました。旅は日常の自分を解放し、別の自分に出会うことができます。そういう発見も楽しいし、現地でいろいろな人と出会えるのも魅力です。

ですから、旅に出ると私は積極的に地元の人に声をかけます。すると、隠れたビューポイントなどを教えてくれて、思わぬ拾い物をしたこともあります。

社会人になると、気ままに旅行に出かけられなくなるでしょうが、ビジネスの社会も私には未知の旅先です。いろいろな人に出会えるのではないかと、いまから楽しみにしています。❶

評価とアドバイス

★楽しみのなかに自分を成長させる要素を見いだす力を感じさせる。

★若さや社会性も感じさせる回答で、合格点といえる。

★気負わずに将来の仕事に結びつける工夫もお見事。❶

Q36 最近の気になるニュースを教えてください

A 民間による宇宙開発と日本人の月面着陸

宇宙関連のニュースに注目しています。この数年、国内外で宇宙開発のイベントが多くあり、宇宙への関心は高まっています。

民間ロケットの打ち上げ、民間人の国際宇宙ステーション滞在と、ベンチャー企業参入による宇宙開発は活発です。

宇宙空間の範囲は、一般的には地上から100km以上を定義する場合が多いようです。国際宇宙ステーションは、上空400kmに位置していますが、400kmという距離は東京から大阪までの距離です。今後、東京から大阪に行くように気軽に宇宙に行く時代がやってくるのかもしれません。

また、有人月探査「アルテミス計画」では、日本人宇宙飛行士が月面着陸する可能性も浮上しています。アメリカでは「アポロ計画」以来の月面着陸を目指していますが、現在、月面での長期活動をする高性能探査車の開発は日本企業を中心に行われています。こうした日本の貢献対価として、日本人の月面着陸が実現するかもしれないことに大いに喜びを感じています。

評価とアドバイス

★誰でも知っていて、かつその関心度をはかれるニュースなので、できるだけ最新の情報を伝えられるとよい。

★取り上げたニュースの問題意識を明確にできればなおよい。

A ポストの有無による雇用問題

雇用問題です。欧米のポスト型雇用と違い、日本はポストを限定しない無限定雇用が原則です。企業は必要なときに自由に社員を動かすことができる人事権を持ち、誰かが抜けても新卒を一人採用すればよいわけです。ただし、ポストがなくなったとしても、簡単に社員を辞めさせるわけにはいきません。

労働者側から見れば、異動させられるという不安がある一

面接官はここをみる!

社会への関心度を探る質問。問題のとらえ方や興味の方向性もみられる。説明能力や表現力、教養もある程度わかる。問題意識を明確にして、要領よく意見を述べてほしい。

方、雇用が保証されていると言え、お互いにメリット・デメリットがあるのが日本型の雇用の特徴だと思います。

大企業であれば、5割の人が課長になれない時代と言われていますが、腕がさびないなら70歳でも営業や事務などの一線で働き、それに伴って人事管理もキャッチアップ可能な方向へ進化していくのが、理想的な雇用関係だと思います。

評価とアドバイス

★雇用対策をしている企業相手の面接。議論をする場ではないので、一般的意見としてギリギリのラインをつきたい。

★日本型の雇用の話題であれば、女性や高齢者、非正規雇用の問題について触れてもいい。

A 食文化の海外輸出が好調

日本食の海外への輸出が好調というニュースです。

健康的なイメージや見た目の美しさから、多くの国で日本食が認知され、日本食レストランの進出、農水産物・食品の輸出が増加しています。

ただし、輸出大国のイタリアがワインやチーズ、オリーブオイルといったイタリアの食文化そのものを輸出しているのに対し、日本のみそやしょうゆ、日本酒・お茶などはまだまだ輸出量の増加が見込めます。

輸出先の国の食文化をよく知り、どうしたら現地に入り込めるか、支持される価格はどうか、流通はどうなっているか、明確な戦略を立てて輸出を進める必要があると思います。

評価とアドバイス

★志望業界に関連する話題であれば一定水準の回答。

★政策がかかわってくるようなニュースでは個人的見解を避けがちになるが、問題意識を率直に語りたい。

Q37 何か特技があれば教えてください

A 人の顔を覚えるのが得意

笑われるかもしれませんが、人の顔と名前を覚えるのが得意です。一度会った人の名前と顔はほとんど忘れません。

小中高のクラスメイト全員の名前を今でもフルネームで言えますが、そんなことは当たり前だと思っていました。大学で、皆に驚かれ、これは特技だと思いました。そこで、テレビの国会中継を見て政治家の名前を覚える実験をしてみたのですが、そこで覚えた政治家の人は、何かの報道番組やニュースに出ていてもすぐに名前と政党を言えるようになりました。

記憶力がいい、というのとはちょっと違うと思いますが、これも特技といえると思います。この特技を接客や営業の仕事に生かせればと思っています。

評価とアドバイス

★意表を突く回答で、他の受験者との差別化を狙う作戦。

★仕事に役立てようという意欲もさりげなくアピール。

★まったく仕事に結びつかないものは、並外れた能力であってもアピールできる特技ではないことを知っておこう。

A だれとでも友だちになれる能力

人見知りしない性格で人づきあいが苦にならず、だれとでも友だちになれるというコミュニケーション能力があります。

大学に入ったばかりのころ、学内で催されたパーティーで、あるＯＢのような人とすっかり仲よくなり、よく話してみるとその人は大学の学長だったのですが、それがわかったあとも失礼のないよう、より親睦を深めることができたと思っています。

評価とアドバイス

★印象深いエピソードを例にコミュニケーション能力をアピールしている。

面接官はここをみる! 特技を聞くのは、エントリーシートに書かれているからだ。どんな特技なのか、興味があるから聞くので、より詳しく具体的に、仕事にどう役立たせるのか、話してほしい。

A 英会話には自信がある

英会話です。❶高校のとき２か月間オーストラリアの家庭にホームステイして英語を学びました。それですっかり自信をつけて、大学のとき交換留学生の制度で半年間アメリカへ留学しました。その後もアメリカの友人とオンラインで交流を続けています。御社の業務に英語は不可欠ですから、ますます磨きをかけて語学力をつけていきたいと思います。

評価とアドバイス

★コンパクトにまとまっていて、要点を押さえている。

★英語を特技としてあげる人も多いので、違いを際立たせる工夫がほしい。

★「英会話です」といって、その後を英語で話すくらいのパフォーマンスをしてもよい。❶

A 暗算と計算能力

小さいころからそろばんを習っていたので、計算は得意です。

特に暗算は、仕事でも役立つのではないかと、一生懸命に取り組みました。３桁の数字を50くらい足すのは30秒くらいでできます。以前に人と競争したことがあるのですが、手で電卓をたたくより私の暗算のほうが早いし正確でした。でもこれは、頭のなかにそろばんをおいて計算するので、才能というより訓練だろうと思います。❶

評価とアドバイス

★特技は仕事で役立たなければ意味がないが、計算能力は評価できる。

★持って生まれた才能ではなく、努力してその技を身につけたことを語っているのは、謙虚さが出ている。❶

★実際に見せるとインパクトがより強くなる。

Q38 あなたは何のために働くのですか

A 自分らしさを表現するため

自己実現のためです。

自分のやりたい仕事を選び、自分で仕事を創出し、その仕事を成し遂げることで自分らしさを発揮し、自分というものを表現したいと思います。

そのやりたい仕事とは、御社におけるセールスプロモートで、御社で働くことによって人間的成長をはかり、働くことからいろいろなことを学び、一人前の社会人になりたいと思います。働くことで自分というものをより完成させたいと思います。

評価とアドバイス

★キーワード「自己実現」にとらわれすぎた回答といえる。

★自分の言葉で表現していない感じがする。

★きれいごとばかりを並べても、空虚感が漂い、印象は薄い。

A 経済的に独立するため

私は、生活のために働きます。❶

経済的に独立し、ひとりで生活できる基盤を築きたいのです。まずは、私を大学にまで通わせてくれた父の負担を軽くし、楽をさせてやりたいと思います。今はひとり暮らしをしていますが、私のアルバイト料だけでは家賃を納めるのが精一杯で、生活費は父からの仕送りに頼っています。高い授業料も払ってくれている父には本当に感謝していますし、早く自立して父を安心させてあげたいです。

将来は、結婚して家庭をもち、子どもを育てることになると思います。家庭をもてば、住居費を始め多くの出費がありますし、子どもができればそのぶん稼いで養っていかなければなりません。そのためにも、少しでも早く社会人になって一生懸命働こうと思っています。

面接官はここをみる!

「仕事とは何ですか」と同じ意図の質問。この聞き方のほうが、具体的に答えられるので、本音を引き出しやすい。構えることなく、個性的な夢を語ってほしい。

評価とアドバイス

★正直な気持ちをストレートに表現している点、悪い回答ではない。[1]

★ただし、働くことの一面をとらえているだけなので、この答え方では、面接官を納得させることはできない。

★金のためだけに働く、という印象を与えてしまう。それではこの会社でなくてはならない理由はない。

A 働くことの3つの意味

何のために働くかというと、3つの目的があると思います。

ひとつは、自分を成長させるためです。昨日までできなかった仕事が今日できるようになるなど、仕事は喜びを与えてくれます。また忍耐や努力の大切さ、人とコミュニケーションする方法なども教えてくれるでしょう。それを信じて、私は人間として大きくなるために仕事をします。

もうひとつは、お金のためです。自分の生活をより豊かにするため、家族がいれば家族を養うため、働きます。自分のした仕事が、それなりの報酬を得られれば、それも大きな喜びとなります。

最後の目的は、人のためになることです。どんな職業でもそれが社会のためにならない仕事はありません。米をつくっても、そのための農具をつくっても、人のためになります。与えられた仕事を一生懸命することで社会のために役立つと思えば、仕事をする張りがでます。

評価とアドバイス

★この質問についての模範回答といえる。

★実際にまだ働いていないのだから、推測でいっている部分が多い。その弱点をつかれたときの答え方も用意しておきたい。

Q39 人間関係で大切にしていることは何ですか

A 相手のいうことに聞く耳をもつ

協調性です。どんな集団でも人間関係を円滑に運ぶことは難しいことです。とくに会社では、利潤追求のためにしのぎをけずるのですから、なおさらのことと思います。各人はそれぞれ個性があり、能力も性格も異なります。そのなかで、多くの人と毎日顔を合わせ、一緒に仕事をするのですから、協調性がなければやっていけないでしょう。互いに相手の立場を尊重し、全体の調和を乱さないように、それぞれが注意しなければなりません。

私は、和を乱さないよう、自分の立場や意見ばかりを主張するのではなく、相手を理解しようとする姿勢をもちたいと思います。聞く耳をもとうと思います。❶

評価とアドバイス

- ★協調することの大切さを述べ、入社後の心構えにまで言及した好回答。❶
- ★自分と他人との関係性を客観的にとらえているといえるだろう。具体例をあげることができれば、さらによい。

A 思いやりの心を忘れずに

思いやりです。孔子の言葉に「己の欲せざるところ人に施すことなかれ」というのがあります。

この言葉は、相手の気持ちを思いやり、してほしいと思っているであろうことをし、してほしくないことはするな、という意味で、思いやりの本質をいい表していると思います。私はこれを肝に銘じ、自分の好みを人に押しつけないよう気をつけてきました。

社会人になっても、この精神を貫き、人に対する思いやりを忘れないようにしたいと思います。

面接官はここをみる! 協調性や職場への適応力をみる質問。周囲と調和する姿勢があるかを見極めるのがねらいで、迎合するような発言は期待していない。ものの考え方や人柄も当然みている。

評価とアドバイス

★人を思いやることの大切さを、格言から引用し、自らを戒めている姿勢は評価される。

★平凡だが、まじめさが感じられ、嫌味がない。

★意地悪くとれば、相手に思いやりがなければいいなりになるしかなく、忍耐がいちばん大切、と誤解される。

A 異常なまでのハイテンション

誤解を恐れずにいうなら、テンションです。❶これまで私は、人に対してはこちらから積極的に働きかけることがいちばんだと思い、明るく話しかけることを心がけてきました。人間関係を円滑にするには、場を和ませるといいますか、明るく保つことが必要です。そのためには自分が動かなければならない、というのが私のコミュニケーション学です。

明るくするにはテンションを高めなければなりません。ほかに宴会部長がいなければ、自分が買って出るくらいの気持ちはもっています。ですから、コミュニケーションで大切なことは、異常なまでのハイテンションだと申し上げたのです。

評価とアドバイス

★意表をつく結論で、ユニークさをアピールしている。❶

★模範回答とはいえないが、個性的で面接官には受ける答えだ。

★単なるお調子者ととられないような工夫をしたい。

Q40 集団の中ではどのような役割を果たすことが多いですか

A 幹事役を買って出る

ゼミでもサークルでも、私はいつも自分から手を挙げて幹事役を買って出ます。お節介なのかもしれませんが、みんなの世話を焼くのが大好きです。❶面倒な手続きとか、メンバー間の意見調整などもまったく苦になりません。

集団をぐいぐい引っ張っていくタイプではありませんが、集団が円滑に回るように陰で汗をかくことも厭《いと》いません。

評価とアドバイス

★面倒な役割を買って出るという表現は高評価を得る。

★幹事は集団の中では中心的役割だが、それを裏方的にとらえているところに謙虚さがある。❶

★なぜ、その役割が多いかその理由が述べられている。

A 主役に祭り上げられる

自分では意識していないのですが、主将や班長に選ばれることが多いようです。体が大きくて、年をとって見えるからでしょうか。いつも看板にされてしまいます。

そういうときは、もちろん与えられた役割はきちんとこなすようにはしていますが、細かいことはなるべくしないようにしています。鷹揚《おうよう》としていたほうが、ほかの人たちがやりやすいかな、と思うからです。祭り上げられても、それは役割のひとつだと理解して、自分が引っ張るのではなく、みんなと一緒に盛り上げていくよう努めています。

評価とアドバイス

★組織の中には、こういう役割の人も必要なので、てらわずに述べることが重要。

★主役となることを鼻にかけていないように見せている。

★集団への関わり方の説明が淡泊に過ぎる。

面接官はここをみる!

自己評価についての質問とみてよい。採用するとどういうメリットがあるか宣伝してください、といっているようなもの。自己PRのチャンスと心得よう。

A 縁の下の力持ち

会計とか庶務、書記、監査、いろいろな役を務めてきました。ですが、その多くがいわゆる縁の下の力持ち的な、裏から支えるような仕事ばかりで、表に立つ役には付きませんでした。あまり目立つことは好きではないんです。

私には私の適性があり、表に立つよりは裏に回って全体を支えるような役割が向いていると自分では思っています。それを嫌だとか、暗いとか、まったく思っていません。むしろ誇らしく思います。

評価とアドバイス

★その他大勢でありながら、自分の役割をしっかり主張している点がよい。

★集団を支える自分に誇りをもっている点は好印象。

★**目立つことが好きではないという言い方は消極的。目立つことをあえて回避してきたように思われる。**

A ナンバー2としてリーダーを補佐

どちらかというと、リーダーを補佐する役割が多いタイプです。ダンス教室ではチーム分けをすると大体サブリーダーでした。大学のサークルでも副部長でしたから、リーダーを補佐するナンバー2といった役どころでしょうか。

リーダーと一緒になって企画運営を進めていき、リーダーが動きやすいようにお膳立てするのが好きなんです。もちろん必要とあれば部長の代行も務めます。そういった柔軟性はあると思っています。

評価とアドバイス

★自分を客観的に見て、タイプ分けできている点は評価できる。

★果たしてきた役割を具体的にあげる点もよい。

Q41 どのようなときにストレスを感じますか。またその発散方法は

A ウォーキングがストレス発散法

人混みがきらいです。たとえば、朝の通勤ラッシュが苦手で、❶混雑した車内で他人の体にギュッと押される感覚がいやでなりません。また、電車の奥のほうに押し流されてしまうと、目的の駅で降りられないのではないかと、あせってしまいます。

ですから１限目の授業があるときは、朝早く出てすいた電車に乗り、余った時間は手前の駅で降りて歩いていきます。このウォーキングが私にとってはとてもよいストレス発散法になっています。

評価とアドバイス

★入社後の通勤に不安を抱かせてはいけない。❶

★具体的なストレス解消法をあげた点はわかりやすくてよい。

A 緊張感は大事

やはり試験勉強です。語学などの必修科目で少しでもよい成績を取りたいと過度にプレッシャーをかけると、どうしても肩に力が入ってしまいます。自分の好きな科目の場合や、試験とは違うことを勉強したり、本で調べたりすることはまったく苦にならないのですが、❶試験のための勉強だと思ってしまうと、体中に力が入りすぎて、集中力が途切れてしまいます。

発散法は得意のスポーツをしたり、ときにはゲームをしたりして解消することもあります。ゲームでも携帯型のゲームやコントローラーを使って指先だけ動かすようなものではなく、腕を使ってリズムをとる音楽ゲームや、ゲームセンターにもある体全体を動かすダンス系のゲームなどを、家族や気のあった仲間と楽しむのが効くみたいです。

ただ、さすがに試験期間中にゲームセンターへ行ったりはしません。あくまでも試験がすべて終わってからです。適度なス

面接官はここをみる!

ストレスや困難な業務に対峙したとき、どのように対処するかをみる質問。ストレスをうまく発散して、成長の原動力に結びついたというようなエピソードを語りたい。

トレスは緊張感を高めてくれますし、試験が終わったあとの解放感を考えれば勉強の効率もよくなります。ストレスをまったく苦にせず勉強一筋に打ち込むような境地には至っていませんが、ある程度の緊張感を感じながら集中力を高めていくことは大事だと思っています。

評価とアドバイス

★学生としての平均的な答え。

★勉強が嫌いなわけではないというアピールも忘れていない。❶

★発散法も及第点で特別な高評価を得ることはないが、ストレスをプラスに捉えていることは評価される。

A オンライン留学を利用

大学から今年は海外留学を見送るという連絡が届いたとき、ショックで寝込んでしまいました。目標を失い、数日間はストレスを抱えたまま布団の上で漫然と過ごしていました。

何日かしてネットでNPO法人が主催するオンライン留学の募集プログラムを見つけ、「これだ！」と思ってすぐに挑戦することにしました。

自宅のパソコンでビデオ通話アプリを起動し、オンラインで留学するという体験には、多くの困難がありました。太平洋標準時を基準にした夜型の生活や、身振りなどの非言語コミュニケーションが画面では伝わりにくい、といったことです。

おそらく実際の留学より正確な会話表現が求められたため、自分でも驚くほど急激に英語力が上昇し、だらだら過ごした日々が一気に昇華したのを実感しました。

評価とアドバイス

★要所に気持ちの込もった感想がはさまれていて、全体として好感を持てる回答になっている。

Q42 SDGsについてどう思いますか

A 社会的な課題をビジネスチャンスととらえる

SDGsというと、どうしてもやらなくてはならない宿題のように感じますが、企業にとってはビジネスチャンスであると前向きにとらえることができます。企業が考えるべき事業のあり方にひもづいているからこそ、何兆ドルもの経済価値が推定されているのだと思います。

たとえば、アフリカの電力の届かない地域にLEDランタンをレンタルする事業が好調で注目されています。[1]ランタンは携帯電話などを充電できる機能も備えているので、夜の明かりと携帯電話の充電という、現地における電力の２大ニーズを満たすサービスです。

これは、アフリカにおけるエネルギーの普及や貧困の解消が、採算度外視の慈善事業ではなく、有望なビジネスになったことをあらわしています。社会的な課題を事業によって解決する動きは今後ますます増えていくと思います。

評価とアドバイス

★具体例をあげて回答しているのは好印象。

★全体としてまとまっているが、SDGsに対する自分なりの向き合い方を述べられればアピール度がアップする。

A 簡単にできることを実践する

これまでの環境問題ではCO_2の排出量削減のように巨大なスケールで語られてきましたが、SDGsでは、目標を簡潔・身近でわかりやすい言葉で示すことによって、だれもが意識できるようになりました。

サークル活動の勧誘などで使うチラシのリサイクルや、廃棄処理されてしまう服からトートバッグを生産するなど、学生主導で取り組みが始まっているプロジェクトも多くあります。

面接官はここをみる! 企業や教育機関、NPO法人、自治体など、さまざまな単位で取り組みが行われているので、具体例をあげ学生目線で、その社会変化に対する意見を語ってほしい。

私もプラスチックゴミの問題やエコバッグ、マイストローなど、自分たちで簡単にできること、自分のこととしてとらえられる取り組みには、常日ごろから実践するようにしています。

評価とアドバイス

★身近に意識できる指標としてSDGsをとらえ、具体例をあげて簡潔明瞭な回答をしている。

A 日本は教育の分野でリーダーになる

今を生きる私たちのことだけでなく、私たちの子孫も安心して幸せに暮らせる世界をつくるための目標がSDGsです。日本は特に教育の分野で活躍できるようになればよいと考えます。

世界には学校がなく、教科書もノートもない、地面に字を書いて勉強する子どもがいるような国があります。女の子は勉強なんてしなくていいというような国もあります。

日本は昔からそうした国へ支援を行っています。ただし、SDGsの目標はどれ一つとっても、2030年までに実現することは難しいと思います。国連の力だけでも、加盟国の力だけでも実現することは不可能で、世界中の何億人というごく普通の人々の協力が必要だと思います。

世界中の人々が、未来の地球をどうしていくかを考え、SDGsの実現に一人でも多くの人が協力してこそ、未来まで幸せに暮らせる地球となるのだと思います。

評価とアドバイス

★冗長で発表会のような内容だが、主旨と熱意は伝わってくる回答。

★応募者個人として実践できることはあるか、あるとしたら何か。願うだけでなく当事者であること示したい。

Q43 上司と意見が異なるときはどうしますか

A 上司の指示に従う

最終的には上司の意見に従います。❶

まず現状を説明し、自分の考え方を述べ、問題に関する自分なりの解決策を示します。そして上司の意見を聞き、判断を仰ぎます。上司が私の考えと違う結論を出したときは、上司の指示に従います。企業は組織で動くものですから、指揮命令系統を乱すわけにはいきません。

私たち一般社員は、上司が判断を下すための情報を集め、分析・検討して、意見を添えて報告しますが、それを判断し、決定するのは上司の役割であり、責任でもあります。そうした組織的連携を壊すつもりはなく、分担をしっかり守りたいと思います。

評価とアドバイス

★先に結論を述べ、その理由として対処方法をきちんと説明する模範回答。❶

★協調性、積極性、判断力にすぐれていることを感じさせる。

★説明として長々と組織論を展開してしまうと、減点される。

面接官はここをみる! この質問は、協調性、適応力、柔軟性などを探るもの。原則的には上司に従うと答えてほしいが、それだけでは物足りない。別の視点で建設的な解決方法を示してほしい。

A 上司は経験があるから従う

上司の意見に従います。

少なくともいまの私は、未熟で経験も浅く、的確な判断が下せるとは思えません。

一方上司は、経験も豊かで、判断のレベルも私とは段違いに高いと思われます。責任ある立場から判断するのでしょうから、深いところまで読み切っているはずです。判断は上司にゆだねるのが適切だと思います。

評価とアドバイス

★左ページと結論は同じでも、その理由に説得力がない。

★自分を過小評価し、一般論として上司は判断力のある人、とパターン化して考えている。これでは自主性も積極性も感じられない。

A 上司に直言できる人間になる

状況にもよります。尊敬できる上司が、私を納得させるような説明をしてくれれば従うでしょう。しかし、尊敬できない上司の意見や、どうみても理不尽な指示であるとだれもが認めるような命令には従いません。

サラリーマンだから、何がなんでも上司の指示に従わなければならない、という考え方には同意できません。組織を硬直化させないためにも、正しくないことを正しくないと上司にいえる人間でありたいと思います。

評価とアドバイス

★これもまた正論である。若者らしく潔い。

★協調性は捨てて、自主性、正義感、積極性を強調した回答。

★面接の場でこの意見をいうのは勇気のいることだ。リスクは大きい。

考え方を問う設問の書き方

企業によってエントリーシートの形式が異なっている。「自己PR」や「志望動機」だけではなく、「こんな場合あなたならどういう行動をとりますか」や「あなたの性格は」といった変わった設問をする企業もある。

これらは、応募者の考え方や価値観を問うものだが、より具体的に人となりを知ろうとして企業が工夫をこらした質問である。設問の意図は、それぞれにあるだろうが、へんに裏読みすることなく、しっかり考え、自分はどう思うかを素直に書くことが大切だ。

むしろ、設問に答えていくことで、それまで表面的にしか考えていなかったことに気づき、より深く考え直してみようと思ってほしい。

自己分析のしかた

▷設問を読んで思ったことをまず書き出してみよう

まずは、表面的でよいから自分の思ったことを書き出してみる。その考えを回答の軸にする。

▷別の視点から反論してみよう

ほかの考え方ができないか、立場を変えたり、別の見方をしてみるなど、あらゆる角度から論じる努力をする。新しい自分が発見できるかもしれない。

▷自分の気持ちにいちばん近いものを見つける

いくつかあげた考え方のなかから、自分の気持ちや性格にいちばん近い考えをとる。それは、最初の考えに近いはずだから、それを軸に、ほかの考え方を加味して、論旨を深めていく。

第5章

あなたは試されている「答えにくい質問」

Check!! 質問を切り返すポイント

この章では、答えにくい質問の例として、残業や内定に関する質問や、就職活動の状況に関する質問、さらにメンタルを試されるような質問に対する回答例をあげる。

質問のされ方は一定ではなく、面接官の個性による。したがって、回答の準備もしにくいが、自分なりの考え方の軸がしっかりしていれば、しのぐことはできる。考え方の軸とは、信念、人生観、あるいは職業観などである。

よく聞かれる質問の１つに「残業が多いが大丈夫か」というものがある。どの企業も労働時間と、そのあり方に気を配っているなか、面接官は特に「残業」に対する応募者の姿勢について気になるようで、タイミングを見計らって直接・間接的にこの質問をしてくる。

応募する側も、「残業」に対する取り組み方を真剣に考え、仕事に対する自分の意志を明確に答える必要がある。

■「当社の仕事は残業が多いですが大丈夫ですか」の対応3つのパターン

①意欲が上辺だけのものでないことを伝える

「体力には自信があり、厳しい環境をむしろ楽しみにしている」

▶自己アピールにつなげるような答え方をする。志望動機や入社への意欲を前面に押し出す

②実情をよく理解したうえで希望していることを伝える

「仕事となれば、残業もやむをえない。仕事は時間がくれば勝手に終わるのではなく、時間に関係なく終わらせることが至上命題」

▶あらかじめOB訪問をして、残業の実情、社員の残業に対する考え方などを聞いておくとよい

③どんなこともやり遂げる気持ちがあることをアピール

「自分にとってやり甲斐のある仕事だから志望したのであり、残業の有無は関係ない」

▶企業研究の成果を述べ、働く意欲を強調する

圧迫質問に対する答え方チャート

❶ 精神的な安定を保つ

↓

❷ 相手のいうことを否定しない

↓

❸ 切り返して自分をPRする

■圧迫質問の答え方

①精神的な安定を保つ

とにかくあわてないこと。たとえば、「会社に向いていない」といわれたとしても、面接官は本心からそう思っているわけではなく、自分を試しているだけだと考え、パニックに陥らないよう気持ちを落ち着ける。

②相手のいうことを否定しない

「スーツは着慣れないの。ネクタイが曲がっているよ」といわれた学生が、すかさずポケットから手鏡を出して確認し、「曲がっていません。入室前に確かめましたから」とやり返し、面接官を憮然《ぶぜん》とさせた例もある。
どんなに理不尽と思える質問も、非難されたととらず、いいアドバイスをもらったと受け止めて、「ご指摘ありがとうございます。以後気をつけます」とお礼をいえるような余裕をもちたい。

③切り返して自分をPRする

指摘されたことを受け止め、「それだからこそ、その点に注意して仕事に取り組んでいきたい」という前向きな姿勢をアピールする。

Q44 当社の仕事は残業が多いですが、大丈夫ですか

A 全面的に肯定する

はい、問題ありません。体力には自信があります。

大学では体育会系のハンドボール部に所属していましたし、基礎体力は十分つけています。どんなに疲れていても、ひと晩寝れば翌朝には回復し元気になっています。

部活では毎日厳しい練習をやってきましたから、ここ一番の頑張りではだれにも負けません。弱音を吐くようなことはありません。それが仕事となればなおさらです。

会社の仕事とはハードなものだと覚悟しています。楽をしようなどとは思っておりません。むしろどれだけ厳しいのか楽しみでもあります。

体を使うのは自分の最も得意とする分野なので、その点を強くアピールしたいと思います。

評価とアドバイス

★体力的な根拠から自信を示し、面接官にアピールしようとする回答。

★自分の「ウリ」を強烈に押し出した点は理解されるだろう。

★「ハード」というなかには体力だけで済まない部分もある。その点も考慮して答えないと評価されにくい。

A 仕事は時間でするのではない

はい、大丈夫です。残業は、仕事となればやむをえません。

ファミリーレストランでアルバイトをしていたときでも、時間延長を頼まれればできるかぎり応じていました。早朝から深夜まで働いたこともあります。

アルバイトと正社員では状況が異なるでしょうが、私の基本的な考えとしては「仕事は時間でするのではなく、内容でするのだ」ということがあります。やるべきことをやってこそ仕事

面接官はここをみる!　仕事がきついという悪条件を出し、反応をみる。それだけで尻ごみしてしまうようでは入社しても長続きしないだろうと判断される。悪条件を跳ね返す元気さがほしい。

だと思っていますから、それが時間内に収まらなければ、残業することも当然だと思います。

　残業がまったくない会社などありえませんから、その点は覚悟しています。

評価とアドバイス

★本当は、残業はしたくないのだが、その気持ちを抑えつつも肯定する回答。

★「やむをえません」という答えはNG。消極的にとられる。

★具体例をあげて説明するところはセオリーどおりだが、アルバイトだけでの経験ではやや説得力が弱い。

A　ハード・イコールやり甲斐

承知しています。御社にはゼミの先輩が入社しておられるので話を聞く機会があったのですが、その口調からハード・イコールやり甲斐だと私は捉えました。❶やり甲斐があれば、どんなにハードでも辛いとは思わないでしょうし、辛くなければ残業でも休日出勤でも自分から進んですると思います。

　私は、御社の企業研究をさせていただいて、自分にとってやり甲斐のある仕事ができそうだと思ったから志望したのであって、残業があると聞いて臆するような気持ちで応募したのではありません。営業でも開発でも、できるだけ厳しい職場への配属を希望します。

評価とアドバイス

★先輩から聞いて知っている点はアピールに値する。それだけに覚悟の示し方に筋が通っている。❶

★仕事の厳しさを乗り越えられるのは、仕事への情熱であることを強調した。これは高評価。

★胸を張るのはいいが、挑発的にならないよう注意すること。

Q45 すでに落ちた企業はありますか。もしその理由がわかれば教えてください

A 面接試験を経て己を知る

上農産業、四色商事、山ノ上食品工業です。

落ちた理由は明確で、以前の私は企業の待遇面だけを基準に就活を行っていました。多くの企業で様々な質問を受けていくうちに、己を知り、企業を知り、働くということそのものを自分に問いかけるようになり、❶今は業務内容をしっかり研究して企業を選ぶようになりました。

時間のあるときは御社の店舗を見学し、シェア自転車のサービスも利用させていただきました。

あらためて、お客様の近くで働きたい、お客様に便利なサービスを提供することでお客様の笑顔が見たいと思い、第一志望として応募させていただきました。❷

評価とアドバイス

★待遇面だけを基準に就活を行う学生もあまりいないが、そうと言い切ってしまうのはマイナス評価。たとえば、「企業選びに迷いがあった」などと、やわらかい表現に。

★未熟な部分を反省し、❶自己改革をアピールし、志望動機までつなげている点は高評価。❷

A 営業職を希望しているため

私は製薬業界を中心に受けています。書類選考の段階のものがいくつかあり、面接は竹下HD社が一次選考を通過し、中間製薬は二次選考で落ちました。

落ちた理由はわかりませんが、面接の際、パソコンのスキル、数字や計算の得手・不得手などについてより詳しく質問をされたので、もしかすると営業職というより、営業事務に絞った採用を先方様が考えていたのかもしれません。❶

私は自分の頑張りが数字となって表れ、会社に貢献できると

面接官はここをみる!

落ちた企業があっても、不利にはならない。企業選びに一貫性があるか、希望職種は定まっているか、そして、落ちた理由がわかっていて、うまく説明できれば評価は高い。

いう点で営業職にとても魅力を感じており、御社を志望しています。竹下HD社さんでも営業職で選考に進んでいます。

評価とアドバイス

★落ちた理由が能力的なことではなく、企業とのマッチング的なことであれば、さほどマイナス評価にはならない。❶

★一貫して営業職を志望している点は熱意を感じる。

★不採用になった理由を憶測で話し、かえって欠点をあらわにするなら、正直にわからないと答えたほうがいい。

A 自分はとても前向きな性格

東京総合銀行と新ヤマト生命、川越自動車工業、多摩川ビル管理システムズに一次面接で落ちました。詳しい理由はわかりません。

私が御社を志望するのは、自由な社風、積極的でチャレンジ精神に溢れる経営だと感じたからです。私は大学で所属する資格サークルにおいて、過去に例のないほど多数の資格試験にチャレンジし、成果を出してきました。資格取得までの試験勉強、合格したときの達成感、その楽しさは忘れることができません。

御社は、短い期間で新しい金融商品を開発し、他社の追随を許さないビジネス展開をしています。また、その姿勢を応援してくれる社内環境があるとうかがいました。御社でなら、自分自身の前向きな性格や特技を最も活かせると思い、一番に志望させていただいております。

評価とアドバイス

★志望業種に一貫性がなく、志望動機を述べるばかりで、質問の意図をくみ取っていない。

★落ちた企業すべてを回答する必要はない。たとえば、金融業界を受けているなら、金融業界の選考状況だけを答える。

Q46 英語は話せますか

A 英会話に自信がある場合

はい、話せます。エントリーシートにも書きましたが、特技は英会話です。大学２年のとき、６か月間オーストラリアにホームステイして英会話を学びました。

帰国後も英会話教室に通って磨きをかけ、できるだけネイティブの英語に触れるよう努力を続けてきました。

帰国子女ほど滑らかな発音ではありませんが、知り合いになった外国の方からはきれいな英語だとほめられます。

それで英語力に自信をもったのですが、それ以上にそれらの経験から外国の方たちと触れ合う楽しさというか、面白さ、価値のようなものを見出し、英語力をいかせるうえに人と触れ合う職種はないかとこの業界を志望いたしました。

評価とアドバイス

★待っていましたとばかりに弾けた回答。自慢話にならないよう注意すること。

★英語習得の努力を、もう少し具体的な例を示して話せるとなおよい。

★結論として志望動機にまでもってきたところは評価できる。

A あまり自信がない場合

YESとは答えられません。日常会話や挨拶程度なら話せます。外国人に道を聞かれ、英語でなんとか説明できる程度です。

これまではあまり英会話に興味がなく、学校の授業でしか勉強する機会もありませんでした。ですから正直言って、「話せます」とは言えないかもしれません。

しかし、必要があればこれからでも勉強します。もともと英語は嫌いではありませんし、話せるようになりたいと思わないわけでもありません。仕事で必要なら、何をおいても勉強した

面接官はここをみる! ふたつの場合がある。実際に語学力が必要な職種では、話せなければ仕事に影響する。そうでない場合は、勉学意欲やチャレンジ精神の有無をみるために質問する。

いと思います。

もし、内定をいただけるなら、入社までの期間にビジネス英語の基礎をしっかり学んで、話せるようになります。

評価とアドバイス

★自信がないと、どうしても言い訳が先に立つ。注意したい。

★少しでも話せるなら、胸を張って答えよう。答えにくい質問だからといっておどおどしてしまっては、面接官に悪い印象を持たれてしまう。

★「これから勉強する」と前向きな姿勢を示すのはよい。さらにその方法などを具体的に述べるとよりはっきり伝わる。

A まったく話せない場合

まったく話せません。なぜかというと、これまでは話す機会も必要もなかったからです。必要や機会があれば、話せるようになります。❶

たとえば、私には韓国人の友人がいますが、彼と話すために韓国語を習い話せるようになりました。必要と機会があれば英語でも中国語でも話せるようになると思います。

御社の応募条件に「英会話が堪能な方」という項目があるのは知っています。堪能というのがどの程度のことをいうのかわかりませんが、相手と意思が通じるということであれば、懸命に覚えますし、そうなる自信はあります。きれいな英語をしゃべれる必要があれば教室に通って必ずマスターします。

評価とアドバイス

★開き直った、と感じさせてはいけない。穏やかに、しかし自信をもって答えたい。❶

★ハンデを負っていることを自覚して、それを跳ね返す熱意を見せよう。

Q47 1分間で何かアピールしてください

A 会社の気風に早く馴染む

今まで志望する業界や職種でのアルバイト経験はありませんが、諸先輩方をお手本とすることで、御社の気風にいち早く馴染めると考えています。❶

また、未経験ながらも取得済みである3級ファイナンシャル・プランニング技能士の資格を活かし、御社でお役に立てるよう頑張ります。

評価とアドバイス

★未経験であることを、諸先輩方を見習い、会社の気風に早く馴染む、というプラスイメージへ変換している。❶

★仕事に直結する資格を活かして、戦力になろうという意思が感じられる。

A 顧客データの分析に貢献したい

御社の会社説明会に出席させていただいた際に、新規事業として、ビッグデータとAIを活用した情報分析を行うとお聞きしました。

卒業研究はまさに、AIを用いたビッグデータの解析および活用方法をテーマとしており、是非とも携わりたいと思い、御社を希望いたしました。

採用されましたあかつきには、昨今目覚ましい発展を遂げている、AIを利用した小売業における顧客嗜好のデータ分析において貢献したいと考えております。

評価とアドバイス

★自分の研究分野が会社の新規事業において戦力になれることをアピールしている。

★具体的な研究内容を聞かれた場合、まだ研究中である場合が多いため、概要だけでも説明する。

面接官はここをみる!

面接の前半に行う「自己PR（自己紹介）」とは違い、面接後半に聞かれる質問。言い残したこと、強調したいこと、仕事につながるアピールポイントを短く伝えたい。

A 一歩一歩の努力が実を結ぶ

すでにお伝えしたことではありますが、コツコツと努力する姿勢では他者の引けを取らないと自負しております。❶

先ほどご質問いただいた際には伝えきれませんでしたが、在学中に所属していた日本語研究サークルの友人たちとともに、漢字能力検定試験の準１級に合格することを目標に勉強しました。

出題範囲は3000字と膨大な量になるため、仲間と出題傾向を調べたり、お互いに毎日問題を出し合ったりするなど、何としても合格するという努力を重ねました。

覚えられない漢字は友人同士で、何度も反復練習したり、漢字の形を自分の覚えやすいように分解したりして、何としても試験に合格するという気持ちでコツコツと勉強を続けました。そしてついに、勉強を始めて２年目、今年の２月に友人４人と共に合格することができました。

また、先にも述べました家業である農業のことで言えば、草刈りの手伝いに駆り出されることが多くありました。農業は自然相手の仕事でもあり、こちらがどんなに急いだとしても育つ時間が短くなることはなく、根気よくその日その日の作業を地道にこなしてこそ、豊かな実りが得られると学びました。

御社にお世話になった場合にも、コツコツと一歩一歩努力を積み重ねていきたいと思います。

評価とアドバイス

★言い残したこと、アピールポイントを、前置きとして簡潔に述べる。❶

★努力をしても結果が出ない場合、会社からは評価が得られない場合も多い。そのようなときにはどのようにリカバリーするかも述べるとよい。

Q48 今までの人生のなかで挫折したことは何ですか

A 第一志望をあきらめた

高校受験で第一志望の学校に入れなかったことです。担任の先生からランクを下げるようといわれ、両親もそうすべきだと主張したため、自分ではそれなりの努力もし、自信もあったのですが、やむなくあきらめました。

私にとっては大きな挫折でしたが、その悔しさがバネになり、大学受験のときは何が何でも第一志望校に入るぞと決め、現在の大学に入ることができました。

高校受験での挫折を通して、失意や後悔といったマイナスの感情をプラスのエネルギーに変えるという経験ができたことは、大きな収穫でした。

評価とアドバイス

★挫折を挫折のまま終わらせないでバネにしたことを強調している。

★マイナスをプラスのエネルギーに変える姿勢を示したことは評価される。

A スポーツでの予選敗退

高校では陸上部だったのですが、予選敗退という挫折を味わいました。私が三年のとき、いい選手がそろい、駅伝の全国大会出場も夢ではないというチャンスに恵まれました。全国大会出場の権利を争う大会で、私はアンカーを任されました。

ところがどういうわけか足が動かず、それまでトップグループにつけていたチームを入賞圏外にまで下げてしまいました。がんばってくれていた後輩たちにも申しわけなく、ゴールしたときは涙が止まりませんでした。[1]しかし、周りの人たちはだれひとり私を責めずに「ドンマイ」「たすきはつながったじゃないですか」と慰めてくれました。

面接官はここをみる!

「挫折」という言葉でショックを与える圧迫質問のひとつ。挫折からどう立ち直り、何を学んだかを問う。成功体験の逆パターンとしてとらえること。

そのことから、私はチームワークと責任ということを強く意識するようになりました。「フォアザチーム」の大切さと難しさを肌で知った経験でした。

評価とアドバイス

★状況を説明し、挫折感の大きさをよく伝えている。❶

★挫折から何を学んだか、その点をアピールすることが大事。

★スポーツにおける敗戦を挫折とするのは一般的で、それだけでは評価されにくい。

A アルバイトから学んだこと

アルバイトで失敗をしたことがあります。

私はレストランのホールでアルバイトをしていたのですが、あるとき注文と違った料理をお出ししたことがあり、お客さまの計らいでそのままお出しした料理を召し上がっていただくことになりました。そのときに厨房と会計係の先輩に報告すれば問題はなかったのですが、それを忘れてしまい、お客さまと会計時の精算で少しもめるという事態になりました。すぐに謝って事なきを得たのですが、お客さまとお店にも大変な迷惑をおかけして、とても落ち込みました。

一時は本気で自分には接客業が向いてないのではないかと悩んだこともありましが、それからはどんなに忙しくても、何か気になる点やイレギュラーなことがあったときは、必ず誰かに報告・相談するよう心がけ、同じ失敗を繰り返すことなく緊張感をもって仕事に取り組めるようになりました。それもあって、お客さまとじかに接する機会の多い営業職を志望しています。

評価とアドバイス

★少しありきたりな例だが、ミスからしっかり立ち直り、志望職種までつなげたのは合格点の内容。

Q49 最後に何か質問はありますか

A 業績好調の原因

御社は消費税増税によって、消費が一時的に停滞しているときも順調な業績を維持されていましたが、その要因はどこにあったと、社内では分析されているのでしょうか。

外から見ますと、新商品がヒットしたからかと思えますが、そうした偶発的なことではなく、もっと経営上の施策があったのではないかと推察しています。その辺のご事情もからめて、最後に教えていただけますか。

評価とアドバイス

★会社の業績をよく研究していることがうかがわれる。

★自分の考えを述べたうえで、会社の対応を質問している。

A 今後の経営戦略は

先日の会社説明会で、御社の社是についてうかがいました。なかでも「変革・改善」という言葉に未来へ向かう姿勢とエネルギーを感じました。生き残るためだけでなく、より積極的に社会の発展に寄与していこうという企業意図があるように思いました。❶

そこで質問させていただくのですが、変革・改善を具体的に推し進めていく戦略はどのようなものか、今後どのような方向性と意図をもって変革されていかれるのか、概略をお話しいただけますか。

評価とアドバイス

★どうしてそういう質問をするのか、その理由をあげている。❶

★質問の意図をはっきりさせることが大切。経営者に対するような質問を面接官にしても的確な答えがかえってくるかどうかわからない。

★時間の限られた面接では、手短に答えられる質問をすること。

面接官はここをみる!

まったく質問しないと「ほんとうに入社したいと思っているのか」と疑ってしまう。入社したいという気持ちの強さや、企業研究の深さを問う。

A 資格は生かせるか

私は日商簿記の３級を取得済みです。志望している部署は連結決算を担当しているところですが、簿記の資格は役に立つでしょうか。また、現在２級の取得をめざして勉強中です。希望する部署で働くには資格の取得は必須と考えるべきでしょうか。

従来は１級の範囲であった連結決算が、昨今少しずつ２級の試験範囲にも適用されてきているため、連結決算を担当するにも２級を勉強しようと思い、鋭意努力しております。

評価とアドバイス

★資格と関連性のない業種や募集部署で問うのはNG。

★経理や財務などを担当する部署への配属を希望する場合には資格をアピールすることにもなり、悪くない質問。

A 会社見学はできるか

企業研究をし、会社説明会も受けさせていただきました。今日、面接を受け御社への興味と入社への意欲がますます高まってきました。特に日本でもほかに類を見ないといわれる御社の設備・機器、生産ライン、流通システムなどには非常に興味が湧きました。

本日、もしくは後日でも結構ですが、社内および工場の見学をさせていただけないでしょうか。お仕事のじゃまにならないよう、遠くから拝見いたしますので。

皆さんの働いている姿を見て、会社の雰囲気を味わい、自分が入社したときのシミュレーションをしたいと思います。

評価とアドバイス

★入社意欲が伝わるいい質問であるといえる。

★仕事のじゃまにならないよう、謙虚に申し出ること。

Q50 苦手なタイプの人はいますか

A あえて近づき相手の懐に飛び込む

私は豪放磊落な人が苦手でした。[1]そういう人にはあえて近づき相手の懐に飛び込むようなつき合い方をしていたら、遠慮のなさがあまり気にならなくなりました。こちらから積極的に話しかけ、友だちになるよう努めるのです。

一見苦手だと思っていた相手ともつき合ってみると、その人の違う面、たとえば意外に寂しがり屋だったり、甘えたがりの性格だったりと、おもしろい部分が見えてくるのです。

簡単に自分とは合わない、苦手だと決めつけずに、近づいていくのがいいと思っています。

評価とアドバイス

★最初に結論を述べて、しかも簡潔でわかりやすい表現。[1]
★経験や体験談はポイントが高い。
★なぜそういうタイプが苦手なのか、説明があってもよい。

A 敬遠して距離をとる

攻撃的な人が苦手です。小学校のころいじめられた経験があるので、他人を攻撃するような人を見ると反射的に逃げてしまいます。中学に入ってからは、性格も明るくなりいじめられることはなくなりましたが、そういう人は何となくわかるので、なるべく距離をとるようにしています。

評価とアドバイス

★苦手なタイプをあげ、なぜ苦手かも説明している。
★わざわざいじめられた経験を持ち出すなら、いじめに対する自分なりの意見や、そこから学んだ教訓などをひと言でも加えたい。これだけでは精神的な弱さだけが強調されてしまう。
★企業は協調性を求めているので、質問の真意を考えて意に沿った答えを導きだそう。

面接官はここをみる! 協調性と柔軟性をみている。他人との関係を客観的にとらえているか、本人の自覚を探る質問なので、体験談を交えて冷静な解決方法を示してほしい。

A 苦手な人などいない

昔から人懐っこい性格で、だれとでも友だちになれるのが自分の強みです。この人とはうまくつき合えないと思ったことがなく、はっきり言って苦手なタイプなんてありません。

評価とアドバイス

★一種の圧迫面接をはね返した例。

★人間関係でトラブルになったときの対応を聞いているのに、質問意図に沿った答えになっていない。

★もし本当に苦手な人がいないなら、それを特徴づけるような経験談を話し、自己アピールにつなげたい。

A よいところを探してほめる

サークルの部長としてみんなをまとめるとき、❶苦手な人というか自己主張の強い個性的な人がいて、メンバーになじませるのに苦労したことがありました。

私がそのときとった方法は、その人のいいところを見つけてほめるというやり方です。しばらくして、ほかのメンバーが自然にそれをまねるようになりました。ほめるというのは、少しわざとらしさがあって相手がそれに気づいていたとしても、やはり悪い気持ちのするものではありません。

ほめているうちにその個性的な人のとげとげしい感じがなくなり、メンバーととてもよい関係を保てるようになりました。言ってみれば「ほめごろし」のようなものですが、そういう方法も効果があるのではないかと思います。

評価とアドバイス

★体験談をもとにしているところはポイントアップ。

★リーダー経験をさりげなくPRしているところも評価。❶

★行動力も感じさせ、使える人材であることを示している。

Q51 不採用になったらどうしますか

A 不採用など想定外

とにかくこちらが第一志望なので、不採用になることは想定していませんでしたが、いまそのようにおっしゃった言葉を聞き、その後のことも考えておかなければいけないのかなと思いました。

何がなんでも御社に入るのだと意気込んできましたので、そのご質問には、回答が思いつきません。[1]万が一そういうことになったら、それはそのときにまた考えます。

評価とアドバイス

★第一志望オンリーの回答で、入社することへの意気込みが伝わってくる。

★この例は回答を用意しないという回答で、これも答え方のひとつだろう。[1]

★意地の悪い見方をすれば、計画性がなく、慎重さに欠けると思われる。

A 即戦力になると自負している

御社に採用されることを強く願っております。そのために、企業研究をし、ＯＢを訪ね、必要な資格をとりました。２年の夏休みには御社でアルバイトも経験し、社風なども理解しているつもりです。研修後は、即戦力になれるものと自負しておりますから、採用されることを信じています。

評価とアドバイス

★会社に対する思い入れが強く、入社への意欲が伝わってくる。

★その会社でアルバイトもし、それを強みにしようとしているが、それだけで人より有利と思っている節が感じられる。

★面接ではこういう話がウケる、という思い込みはリスクも大きい。

面接官はここをみる! 典型的な圧迫質問。どう対応するかをみるためのもので、答えで採否を決めるわけではない。自分の信念に従って堂々と答えればよい。

A 志を変えずに別の方向を探る

意外な質問で迷っています。

すぐには答えられませんが、不採用とあればしかたがありません。アルバイトなどをしながら就職浪人をして、来年再挑戦する道があるなら、それも選択肢のひとつでしょう。大学院に進む道もありますが、金銭的なこともあり、まわりの人と相談しないと決められません。御社のフィールドと社風を慕っていますので、とても残念です。

私が社会人としてやりたいことは、私が学んできた衛生水処理工学の知識を生かして世界中の人の役に立つ仕事をしたい、ということです。ですから御社のような国際的な事業展開をしている企業を志望したのですが、御社以外の企業で私のやりたい仕事を探すのは、困難なことです。

もうひとつの考え方としては、不採用になったら方向性をまったく変え、土木業界や食品業界に目を向けて、そうした企業の中から国際的な規模で水環境に関わっている会社を探すということです。アプローチの方法は違うでしょうが、私がやりたいことに別の方向から近づいていけるのではないかと思います。水の安全に携わるという究極の目標に、違う角度からアタックしてみます。❶

そして、もしチャンスがあれば何年後かにもう一度御社を受け直してみたいと思います。

評価とアドバイス

★迷いながらも自分の気持ちを正直に述べた回答。

★自分がやりたいことをはっきりいうことで、自己PRになっている。

★打たれ強さとともに立ち直る強い意志を感じさせる。❶

★受け直すという宣言で入社意欲の強さを感じさせる。

Q52 すでに内定している会社があるのではないですか

A 本当にやりたい仕事に気づいた

はい、暁物産株式会社という住宅設備機器の商社から一応内定をいただいています。住宅に関わる仕事をしたいと思い、木材製品を主に扱っている会社が２×４（ツーバイフォー）住宅建築事業を行っているということで、応募しました。

ところが、業界研究を進める段階で、２×４（ツーバイフォー）建築では御社がパイオニア的存在であると知り、気持ちが変わりました。私がやりたいことは、資材の販売ではなくて、住宅の設計、施工であり、家づくりだと気づきました。❶そういう意味で、御社が第一志望で、最も入りたい会社です。

評価とアドバイス

★内定していることを隠さず話し、やりたい仕事をするにはこの会社でなくてはならないことをアピールしている。

★圧迫質問を落ち着いて切り返し、志望理由も述べて万全の回答といえる。❶

A 可能性を追いかけてチャレンジ

同じ業界のクリーンコーポレーションさんと、ＴＴＴさんに内定をいただきました。いずれも業界の中堅企業とうかがっていますが、その２社から内定をいただけるなら、大手の御社も夢ではないかと思い挑戦をいたしました。

もちろん、御社を第一志望に考えております。なぜなら、御社は事業展開の規模がほかの２社とは比較にならず、思う存分仕事にぶつかっていけるので

面接官はここをみる!

応募者がうそをついていれば、なんとなくわかるもの。会社に対する礼儀と思って隠すなら無用のこと。他社にも受かる学生なら、自社でもほしいと思うだろう。

はないかと思ったからです。やはり同じ仕事をするなら、大きな舞台で、動かせる金額やモノも大きなほうが、やりがいもあり、自分も成長させられると思います。

私は、自分の可能性を追いかけて御社にチャレンジいたしましたので、もし内定をいただけるなら、クリーンコーポレーションさんとＴＴＴさんは丁寧にお断りさせていただきます。

評価とアドバイス

★同業他社から内定をもらう学生なら、面接官も注目する。

★さらにステップアップしたいという意欲は伝わってくる。

★この程度はよいが、受かった会社をけなしてはいけない。

A 御社だけしかエントリーしていません

とんでもない話です。私は御社を第一志望に、これまでひと筋に企業研究を進めてまいりました。他社は、内定どころかエントリーもしていません。どうか、この意欲をお汲み取りくださり、なんとか採用していただくよう、お願いいたします。

評価とアドバイス

★第一志望ひと筋を強力にアピールした回答。

★1社だけで勝負しようという学生の言葉を面接官が信じるかどうか。

A 御社を最優先

まだ内定をいただいた企業はありません。もしあったとしても、御社が第一志望なので、御社から内定をいただいたら、最優先いたします。❶

評価とアドバイス

★内定を隠すなら、この程度のいい方でよい。

★第一志望を強調するのは基本中の基本。❶

Q53 当社に内定しても就職活動は続けますか

A 連絡があるまでは続ける

御社から内定をいただけるとして、ご連絡をいただくまでの間に面接の予定のある会社が何社かあります。エントリーをしてしまっているので、その会社の面接だけは受けようと思っています。お断りするのも失礼ですから。

内定のご通知をいただければ、それ以後のエントリーは控えます。

評価とアドバイス

- ★穏やかな回答で好感がもてる。
- ★無難な答え方で圧迫質問を上手にかわしている。
- ★言質《げんち》をとられないよう、言葉を選んでいるが、その分入社への強い意志は伝わってこない。

A ライバル会社を視察する

もちろん第一志望の御社ですから、内定さえいただければ必ず入社させていただきますが、社会勉強といいますか、同業他社の会社説明会だけでも顔を出して、雰囲気なりを感じてこようかと思っています。

御社に入社できれば、ライバル会社になるわけですから、敵状視察というと言葉は悪いですが、相手の会社を多少なりとも知っておくことは必要ではないかと思います。

評価とアドバイス

- ★筋の通った理由づけで、説得力のある説明だ。
- ★圧迫質問をかわす常套手段。
- ★詭弁《きべん》ともとれる内容だけに、面接官がそのまま納得するかは疑問。
- ★ほかの会社でも同じことをいうのだろう、ととられる危険性はある。

面接官はここをみる! 採用者側のねらいは、よい学生を早く確保したいということ。「内定取り消し」など、主旨とは違う話題には触れず、誠意をもって入社する意志を伝えたい。

A 早く卒論に着手したい

いいえ、内定をいただければ就職活動は終了します。私の場合、御社が第一志望なのでとにかくこの面接に命をかけてきました。ほかに滑り止めの会社も何社かエントリーしていますが、御社から内定のご連絡をいただければ、その時点で他社へはお断りを入れます。

卒業論文もありますので、❶就職活動は早めに終わらせ、早くそちらに専念したいと思っています。

評価とアドバイス

★これだけの回答をすれば、採用側も納得するだろう。
★話し方も誠実さが感じられ、入社意欲も高い。
★早く卒論に着手したいという理由づけは高評価。❶

A 自分に合った会社を探す

はい、続けます。御社にはぜひ入りたいと思いますが、入社までにはまだ期間があり、たとえ内定をいただいても何が起こるかわかりません。❶

御社が第一志望であることには変わりませんが、他社がどんな評価をしてくださるかも知っておきたい気がします。

評価とアドバイス

★「内定を出した当時に業績悪化などを予見ができなかった場合」を除き、経営悪化を理由に「内定取り消し」をすることは原則、認められていない。面接時にあえてこの話題に触れる必要はない。❶
★第一志望であることを伝え、入社の意志を示している。

Q54 入社して向いていないと思ったときはどうしますか

A 3年はがんばる

とにかく3年はがまんして、がんばってみせます。向いていないと判断するのが御社で、退職勧告をされるならともかく、自分でそう思ったときは、そこで退職願を書くなどということはしません。

向いていないのは、職場かもしれないし、職種かもしれないですから。自分では、そのあたりの見極めはおそらくつかないだろうと思います。3年がんばれば、そのあたりの見極めがつくようになると思います。❶進退はそこで考えます。

評価とアドバイス

★無難な回答。石の上にも3年、この年数は妥当だろう。❶

★がんばるというのはよいが、「がまん」は印象が悪い。

★とにかく、「すぐに辞める」とは間違ってもいわないようにしたい。

A 粘り強いから大丈夫

私の性格からして、たぶん辞めないだろうと思います。あきらめが悪いというか、粘り強いですから。自分のどこが悪いのだろうと考えて、気づいた点は直します。それでも、向いていないと思ったら、ほかの職場への転勤や違う部署への異動を願い出ると思います。

一度入った会社をそう簡単にあきらめる私ではありません。❶

面接官はここをみる! 入社してすぐに辞めてしまうようでは会社が困る。確認の意味でこうした質問をするのだが、圧迫質問ととらえてはぐらかすような答えはせず、構えずに答えてほしい。

評価とアドバイス

★性格を理由に、辞めないことをアピールした標準的回答。

★粘り強さという自己PRも効果を発揮している。❶

★この回答では、性格の暗さを感じさせる。もっと積極的な面もアピールしたい。

A 向いていないはずがない

向いていないわけがありません。私は御社の企業研究を十分にして、それで志望を決めたのです。先輩もたくさん入社しています。何度も会社へ足を運び、社内の雰囲気も肌で感じています。

仕事もおもしろそうだし、もちろんやってみたい仕事ばかりです。自分が切望して入る会社です。向いていないなどと思うはずがありません。

評価とアドバイス

★質問の意図とは別の答え方ではあるが、これはこれで意欲をしっかり伝えている。

★ここまで、入社の意志をアピールされると採用する側も心が動く。

A 簡単にはあきらめない

そうですね。そういうことがないともかぎりませんね。でも、望んで入った憧れの会社ですから、簡単にはあきらめないと思います。やりたい仕事と思って入るのですから、向いていないことはないと思います。

評価とアドバイス

★穏やかにかわした答え方だ。印象は悪くない。

★圧迫質問だと意識して、はぐらかそうとしている。

Q55 話し方にクセがありますね

A 直したいので指摘して

そうですか。自分では気がつきませんが、どんなクセでしょうか。いまは多少上がっているので、話し方がおかしくなっているのかもしれません。

教えてくだされば、これから直したいと思いますので、ぜひご指摘ください。今後の参考にいたします。❶

評価とアドバイス

★圧迫質問を冷静に受け止め、上手に切り返している。

★気がつかなかったので教えてほしい、と謙虚に対応する態度が好ましい。

★今後の参考にして、改めたいという姿勢が評価を高める。❶

A 不快な思いをさせて失礼

自分ではいつもと変わらずに話しているつもりですが、初めていわれました。気がつかなかったとはいえ、不快な思いをさせて失礼いたしました。

それでは、私の話し方のどのようなところを直せばよいのか、うかがわせていただけますか。悪いところは改めますので。❶

評価とアドバイス

★気がつかずに不快な思いをさせたことを謝る姿勢は素直だ。

★ただ、面接官は謝罪を求めているわけではないことも頭に入れておこう。

★丁寧ないい方で対応しているところは、評価できる。

★口調によっては開き直りや、ふて腐れているようにも感じられるので穏やかに話すことが必要だ。❶

A 意識はしていたのだが

申しわけありません。むかしから声が小さいといわれていま

> **面接官はここをみる!**
> これは完全な圧迫質問で、応募者の反応する態度を観察するねらいがある。感情的になったり、卑屈になったりするのは失格。自分に自信があれば堂々と切り返せるはずだ。

したので、意識して話すようにはしていたのですが、お聞き苦しかったでしょうか。

いまは少し上がっていますので、ご指摘を受けてしまいましたが、社会人として恥ずかしくないよう、学校を卒業するまでに改める努力をいたします。❶

評価とアドバイス

★このような圧迫質問は謝罪を求めているわけではないので、最初から謝る必要はない。

★意識していたとのいいわけは、非を認めるようなもの。これでは印象はよくない。

★改める努力をするといい切ったところが救いになっている。❶

A 個性として伸ばしていく

没個性や協調性の世代などといわれますから、話し方には個性があってよいと思います。とくにセールスの場合は、話し方に特徴があるとお客さまから覚えてもらえるのではないかと思います。この話し方に不都合があるのでしたら、改めますが、個性的だと認めていただけるなら、自分らしさの一側面として大事にしていきたいと思います。

評価とアドバイス

★悪くいえば開き直りだが、希望職種に有利とPRするところが抜け目ない。

★改めることにも抵抗していないので、柔軟性を感じさせる。

Q56 学校の成績があまりよくないですね

A 学業より社会勉強を

自分ではそこそこかなと思っています。高校時代の受験勉強のように、1点でも多くとろうという勉強のしかたをしませんでしたから。

大学では、学校の成績よりも社会勉強といいますか、いろいろな人とふれあい、さまざまなものを見て、多くの経験をすることに主眼をおいてきました。サークル活動もそのひとつですし、アルバイトもお金を稼ぐというより、働くということを学ぶつもりで取り組んでいました。そのおかげで、学校の授業では得られない働く人の人生哲学のようなものを、たくさん学ぶことができました。学校の成績の悪さを補ってあまりある勉強をしたと思っています。

評価とアドバイス

★自分にとって学校の成績より大事な社会性を学んだとの回答。立派な自己PRになっている。

★採用者にとって成績の悪さは人物評価を落とす要因にならない。そのことを知っているような落ち着いた答え方だ。

★成績が悪いことを誇るようでは、イメージが悪くなる。ほどよい謙虚さを忘れずに。

A 専門科目はすべてA

私なりに一生懸命にやった結果なので、悔いてはいません。

もちろん成績は上位のほうがよいのでしょうが、学校の成績だけでその人の評価が決まるとも思えません。成績が悪いとおっしゃいますが、専門の英語・英文学・国際関係学・欧米文化論などはすべてAです。決して怠けていたわけではありません。力を入れるところは集中して勉強するのが、大学での私の勉強法だったのです。その点は、わかっていただきたいと思います。

面接官はここをみる!

典型的な圧迫質問で、成績が悪くなくても発する質問。ムキになって否定するようでは、評価は下がる。学校の成績より、これからの自分をみてくれという気迫がほしい。

評価とアドバイス

★圧迫質問に正面から切り返し、堂々と渡りあっている。これも答え方のひとつのパターンではある。

★学生の悔しさが伝わってくるようだが、ムキになっていいわけをし、反論を展開することは避けたい。

A 働く現場で学んだ

はい、学校の勉強はほとんどしませんでしたから。❶私ははじめからマスコミ志望で、しかもテレビの仕事をしたかったのです。それで、コミュニケーション学科に入学しましたが、大学で机上の論理を学ぶより、実際に現場で学ぶほうが効果的だと思い、1年の夏から制作会社のアルバイトをしました。気遣い・気配りを求められるとてもハードな仕事でしたが、番組制作者の一員でいられることがうれしく、2年間みっちり働きました。

現場の責任者の方からは、「このままうちに就職しろ」といわれたのですが、下請制作会社では、できることもかぎられています。やはりもっと大きな場所で夢を実現させたいと思い、御社を志望しました。

評価とアドバイス

★質問に対し、否定せず「YES」と答え、その後は志望動機をエピソード入りで話している。模範回答に近い。❶

Q57 この会社には向いていないのでは

A 外見で判断しないでほしい

そう思われますか。❶確かに私は一見すると体も小さくて、性格も控えめですから、御社の業務には不向きと思われるかもしれません。しかし、こう見えても体力はありますし、慎重ですが粘り強いところもあります。

体育会系のワンダーフォーゲル部に所属して、どんな山に登っても弱音を吐いたことがありません。話すことはあまり得意ではありませんが、話し方教室に通って弱点の克服にも努めています。セールスができないとは思っておりません。

評価とアドバイス

★こういう質問は、まず肯定することから入る。❶
★その後、外見で判断してくれるなと主張した好回答。
★山でも弱音を吐かないとか、話し方教室の例は具体的でよい。
★圧迫質問を逆に自己PRに変えている。

A 学問と志望動機は別

たぶん、私の専攻が電子工学だからそう思われたのかもしれません。一般的な価値判断からすると、金融業に向くとは思えないでしょう。しかし、❶専攻はあくまで学問の道であり、興味の対象です。御社を志望する理由はまったく別のところにあります。

面接官はここをみる!　本気で「向いていない」と思ってする質問ではなく、「どんなところが当社に向いているか」という裏返しの質問だと思ってよい。自分を売り込むチャンスととらえてほしい。

先ほど志望動機をお話ししましたが、自分の生まれ育った町に何らかの形で貢献したい、地元でいちばんの企業に就職して地域振興に尽力したい、というのが私の願いです。仕事に必要な知識はこれから必死で身につけます。私が学んだ学問も、御社でまったく役に立たないということはなく、生かせる方法もあるのではないかと思います。

評価とアドバイス

★理科系の学生が地元の信金などに応募したケース。志望動機を前面に出した積極的な受け答えは評価できる。

★圧迫質問は、逆に自分を売り込むチャンスでもある。YES-BUTの論法で、自己PRや志望動機を再確認させよう。❶

A 社風に風穴をあける

はい、確かに向いていないかもしれません。自分でいうのもおかしいですが、私のようなネアカな人間は軽すぎて、重厚な社風の御社には不向きかもしれません。しかし、これからの時代を乗り切るためには、社内の人材の選択肢もある程度バラエティに富んでいてよいのではないかと思います。御社にもひとりぐらい、私のような無茶ができる人間が必要ではないでしょうか。

こういってはおこがましいですが、私は御社の社風に風穴をあけられますので、❶新鮮な風を入れてはいかがでしょうか。

評価とアドバイス

★見事な切り返しというべきか。面接官も煙にまかれそうだ。

★不向きと思われる人間こそ採用する価値があると迫る気迫が好評価を生む。

★リスクを覚悟の大言壮語。「社風に風穴をあける」がどう評価されるか。❶

Q58 あなたの専門科目が当社で役立ちますか

A 法律の知識と考え方で貢献

はい、法律の知識はどんな会社でも生かすことができます。契約という行為ひとつとっても、法律の知識と考え方が必要で、契約書をつくる場合も、相手がつくった契約書を読む場合も、不備がないかチェックすることができます。[1]

法的な考え方を学んだ私は、御社の事業のいろいろな場面で貢献ができると信じています。

評価とアドバイス

★契約書というたとえを持ち出しての回答は理解を得やすい。[1]

★自分が学んだ学問を会社の仕事とリンクさせて考えるくせをつけておこう。

★就職に有利な法学部だが、それだけにもっと強くアピールしてよい。

A 観察する態度と分析力

私は文学部の近代文学科で、主に評論文学を専攻しています。一見すると会社での仕事には役に立たないようですが、評論というのは本物を見分ける目を養いますので、いろいろな面で効果を発揮してくると思われます。

少なくとも私は、どんなときでも何が真実で何が虚偽か、見極めようと観察するクセがついています。これは、たとえば顧客との商談のなかで、相手の話し方や態度から誠意や真偽を読みとろうとする態度になって表れるだろうと思います。鑑識眼や分析力

面接官はここをみる! 自分の特性と会社の事業とをリンクさせているかを問う質問。採用者側は、学部や専攻で選ぶことはない。自分を深く見つめる学生こそ採りたいと思う。

があれば、交渉を有利に進めることができるでしょう。私は、そういうことで御社に貢献できると思っています。

評価とアドバイス

★就職に不利な文学部の学生の回答。いいわけめいていて、苦しいこじつけだ。

★文学部でも考え方の訓練をすれば、仕事に役立つ能力を開発することができると主張している。

★採用者は学部を問わず人物を見る。懸命に考え、主張する態度にこそ注目している。

A みんなとは違う発想ができる

工学部出身者がすべて重厚長大なメーカーに就職しなければならないということはありません。むしろ、工学的な知識をもった者が御社のような専門商社に入ることで、組織も活性化してくるのではないかと思います。というのも、専門外の知識は意外なアイデアを生むからです。

私が大学で学んだのは、「工学の基礎は実は発想力だ」ということです。アイデアを形にする、ここに工学の神髄がある、というのです。私はそれを学んできましたので、御社でも皆さんとは違う観点で発想し、それを形にしていくことが自分の役目だと思っています。私の専門的な知識は、必ず御社で役立つはずです。[1]

評価とアドバイス

★専門外の会社に挑む学生の心意気が感じられる。

★ほかの人とは違う発想ができるという貢献のしかたは、汎用性が高い。

★前置きが長く、結論が後にくる。話法上の欠点がある。結論は最初に、しかも簡潔に。[1]

COLUMN

エントリーシートの書き方

どうしたら採用者の目にとまるエントリーシートを書けるだろうか。

答えは簡単、具体的な内容にすればよいのだ。具体的にといっても、小学生の遠足の作文のように、朝起きてから帰ってくるまでの行動をすべて書くのではない。自分がいちばんアピールしたい「自分らしさ」が出るエピソードを、ひとつだけに絞って書くのだ。たとえばこんなふうに。

「私は、叔父の店でアルバイトをしています。店にはアンケート用紙が置いてあり、その集計も私の仕事です。私は、お客さまの意見を、味、店内、サービス、経営の4部門に分類し、数字の裏づけを添え、問題点と私なりの解決案を店のスタッフに提案しました。解決案は採用されませんでしたが、問題提起はそれなりに受けとめてくれ、店全体で考えるようになり、サービス改善が進みました。私は、そうした物事をいろいろな面から見つめ、それを分析するのが得意です」

具体的に書くとどうしても文章が長くなり、説明も必要になるが、書く前にポイントを絞って、整理してから書くと、うまくまとまる。

具体的に書くためのポイントをあげておこう。

- **自分がこれまでやってきたこと、伝えたいことをたくさん書き出し、そのなかから絞る。**
- **選択基準は「自分らしさ」。人と違う点に着目する。**
- **それがどれだけ自分にとって意味があるか、どれだけ努力を要したかを場面に合わせて書く。**
- **奇抜な表現はさける。読みやすい文章で。**

第6章

知識と理解度をチェック「業種・業界に関する質問」

Check!! 業種別質問に答えるポイント

この章では、業種、業界についての知識や理解度を問う質問に対する答え方を考える。

業界によって質問の内容は異なるが、その業界でしか問われないであろうと思われる質問はある。これらは、業界研究の成果を試す質問で、業界の現況を把握していないと答えられない。

前述したように、面接はお見合いみたいなものだ。本気ならば、相手のことを事前によく調べるだろう。面接でも相手の会社、それを取り巻く業界のことが気になるはずだ。

①**その業界にはどんな企業があって、**
②**自分が志望する会社は**どの位置を占めている**か、**
③**他社で大きいのはどんな会社か、**
④**業種としての**市場規模**はどれくらいか、**
⑤**業界がどんな状況にあって**どの方向に向かっている**のか、**
⑥**その問題点は何か、**
⑦業界内で話題になっていること**は何か、**
　などを調べておきたい。
　ただし、現状認識だけでは不十分だ。
⑧**現況を踏まえて**展望**を立て、**
　それを自分の言葉で話せるようにしておきたい。

■業界別でのポイント

・メーカー
　▶製品への愛着や物づくりへの情熱

・商　社
　▶商社の機能や役割を理解しておく

・流通・食品業
　▶商品の流れと品質管理に対する理解は必須

・旅行・観光業
　▶接客が中心、人間力を磨いておこう

どの業界にも共通する質問

❶ どうしてこの業界に興味をもったのですか

⇕

❷ 今後、業界はどうなると思いますか

⇕

❸ いまこの業界がかかえている問題は何だと思いますか

- 保険業
  - ▶保険のしくみは理解しておく
- 金融業
  - ▶新聞の経済欄は必ずチェック
- 広告・マスコミ
  - ▶時代の変化をとらえるアンテナをもとう
- IT産業
  - ▶システムが複雑化するため知識・技術をPR
- 運輸・交通業
  - ▶社会的な役割を自覚
- 建設・住宅業、不動産業
  - ▶企業研究と説得力のある志望動機

Q59 あなたは当社の製品をどう思いますか（メーカー）

A 画期的な機種

私が実際に使ったものとしてはMT30が最初でしたが、最高だと思いました。高速のオートフォーカス動作が可能で、測光機能に優れています。とくに逆光での計測が正確で、仕上がりが実にシャープでした。その次のMT40は、機能とデザインの融合という点で傑作でした。

最新のMJ-Xは、ミラーレスの使い勝手を極めた名機で、ホールド感が安定し、操作性も設定さえ固めてしまえば、誰でも簡単に使いこなせるカメラだと驚きました。

評価とアドバイス

★カメラメーカーの製品の感想を述べた回答。実際に使用しているところに説得力が生まれる。

★**絶賛するばかりで、お世辞にも聞こえる。不満を感じたところなどにも言及し、改善意見を添えるとなおよい。**

A 気になる点もある

ボディソープ「桃ちゃん」[1]は最近のヒット商品だと思います。

ネーミングに桃を使ったくらいですから、桃の葉エキスを配合して香りはよいのですが、泡落ちが早すぎる気がします。体の汚れがほんとうに落ちているのか心配になるときがあります。もう少し泡落ちを遅くして、全身が桃の香りに包まれる時間を長くすれば、満足感が得られるのではないかと思います。

評価とアドバイス

★メーカーの場合、とにかく製品にふれることだ。使った感想や気になったところをメモし、改善案を用意しておくとよい。[1]

面接官はここをみる! 志望動機を問うと同時に、物づくりへの姿勢をみている。自分への観察眼は物づくりへの第一歩。自分を語れる人を採る。

Q60 あなたはどうしてメーカーを選んだのですか（メーカー）

A 事業を通じて人々の暮らしを支える

御社の送電システムの事業に携わって、人々の暮らしを支えていきたいからです。

社会インフラは、エネルギーと交通、それらを支える通信システムが一体となって成り立つ事業です。御社は、重電メーカーとして、電子デバイスから航空システムまで、幅広い事業領域を展開しています。

御社の事業を通して社会的付加価値を追究し、人々の暮らしを豊かに変えていきたいと思っています。

評価とアドバイス

★企業研究の内容から、志望動機につなげる好回答。社会への貢献という点がアピールポイントになる。

A メーカーとしての底力に共感

私は小さいことから物づくりが好きで、何かつくり始めると食事も忘れてしまうほどでした。小学生のころは家具の職人さんに憧れ、高校生になってからは、自分でさまざまなものをデザインする楽しさも知りました。

御社は、多機能を抑えたシンプルな家電を昨今多く発売するようになっています。使い勝手がよく、性能重視の姿勢が強く打ち出されていて、コーヒーメーカーのようなコンパクトなかわいいデザインのものは、特に売れ行き好調です。

時代に合わせたコンセプトでいち早く新製品を市場に送り出すことができる御社の底力に強く共感し、自分もその一員に加えていただき、お客さまの新しい生活のあり方を提供できる製品を創造したいと思っています。

評価とアドバイス

★強いインパクトとはないが、志望動機として及第点の回答。

Q61 あなたはどうして商社を志望したのですか（商社）

A 世界を相手に大きなビジネス

おもしろそうだからです。世界を相手に大きなビジネスをする商社の魅力に、私は胸を躍らせます。

日本は資源も少なく、利用できる国土の面積もさほど多いわけではありません。日本がこれから生きていくには、貿易か観光、そして知識と技術が必要だと思います。なかでも貿易は正直で誠実な海洋民族である日本人に向いています。貿易立国をめざす日本の最先端で、24時間戦ってみたいと思います。

評価とアドバイス

★ビジネスの大きさに魅力を感じていることが伝わってくる。

★情緒的・感情的な表現で、思考が浅いと思われる。リスクは覚悟しなければならない。

★心情ではなく、業界研究の成果に基づいた動機を述べよう。

A 貿易を通じて社会貢献

日本は貿易によって成り立っている国ですから、仕事を通じて社会に貢献するには、貿易にたずさわるのがいちばんだと思ったからです。

とくに私は神戸育ちで、小さいころから港の賑わいを見てきました。外国への憧れも強く、貿易という仕事を肌で感じて育ってきました。語学も英語だけでなく、ドイツ語と中国語をマスターしました。❶この語学力と国際感覚を生かして社会貢献をするには、商社しかないと思い志望しました。

評価とアドバイス

★よくまとまっていて、納得させられる回答といえる。

★英語以外の語学力は貴重。アピールする価値はある。❶

★どのような社会貢献ができるのか、商社の社会的役割などをひと言添えれば、より好感をもたれる。

Q62 これからの商社にいちばん大切なものは何ですか（商社）

A 早くて正確な情報

情報だと思います。❶カネ・モノ・ヒトも確かに大切だとは思いますが、情報の入手が遅れたり、不正確だったりした場合、ビジネスに支障をきたします。世界各地から優秀な商社マンが集めてくる情報は、政府のもつ情報量よりも膨大だと聞きます。これは商社の重要な資産であると思います。

評価とアドバイス

★真っ先に結論を述べることで、考えていることが前もってわかる。業界研究の成果といえる。❶

★説明が言葉足らず。商社の技術やノウハウにも言及したい。

A 優秀な人材のネットワーク

優秀な人材、ではないかと思います。これからは技術的なことは急速に進むでしょうから、差別化ができなくなります。すると、ビジネスの質を差別化するのは、それをコントロールする人間にかかってきます。いかに社の内外に優秀な人材をネットワークできるかが、これからの商社の浮沈に関わってくるのではないかと思います。それは、商社だけにはかぎらないと思いますが。

評価とアドバイス

★奇をてらわない、オーソドックスな意見だが、じっくりと自分で考えた結論ということが伝わる。

★時代の変化を読みながらも、基本に戻るという思考の方法は共感できる。

面接官はここをみる!

商社の機能や社会的役割を正しく認識しているかを知りたい。業界研究をしているか、商社で働くにあたっての適性などもみてみたい。

Q63 あなたはどうして流通業界を選んだのですか（流通業）

A 販売こそ天職

いちばん大きな理由は、物を売ったときの達成感です。アルバイトで経験したのですが、店頭に立ち、売買が成立し、品物がお客さまの手に渡ったとき、私は大きな充実感を感じました。商品知識を身につけてお客さまに接し、売買交渉をするときの緊張感と高揚感は「これが仕事ということなのだ」❶と、実感せずにはいられませんでした。そして、買っていただいたときのうれしさは、何ものにも代え難いものでした。私は、販売こそ天職だと感じ、流通業界を志望しました。

評価とアドバイス

★経験だけを話していながら、商売の原点を述べている好回答。

★商売の醍醐味を自分の言葉で表現した能力は高く評価されるだろう。❶

Q64 あなたはどのような部門で働きたいですか？（流通業）

A 売上アップにつながる販売支援で

販売戦略や自社製品の効率的な売上アップなど、販売をバックアップする販売支援部門で働きたいです。

そのために、できるだけ多くの店舗を担当し、本部と加盟店とのパイプ役となるスーパーバイザーを目指したいと思っています。スーパーバイザーとして販売データや顧客データを分析し、売上を少しでも増やすための対策を練ります。また、直営店の店長やフランチャイズ店のオーナーさんに対しては、よりよい売り場環境作りやスタッフさんの育成など、総合的なアドバイスができるような存在になりたいです。

評価とアドバイス

★職種を具体的に提示し、しっかりとした覚悟が見える。簡潔な回答で印象がよい。

Q65 当社の店舗を利用したことはありますか（流通業）

A ちょっと気になるところが

はい、あります。いつもは新松戸の店を利用させていただいて、大変助かっています。ただ、やはり生活に密着しているものですから、近くにある店舗だけを利用してしまいます。

そこで、御社を志望しようと思ったとき、いま最も話題になっている「恵比寿店」を見なければと、でかけていきました。店舗デザインが斬新で、品揃えにも個性があり、感心しましたが、ちょうど店員さんの交代の時間帯だったためか、店に担当の方の姿がなく、商品の説明を聞きたくても、聞けませんでした。❶その点がちょっと残念だったと思いました。

評価とアドバイス

★流通・小売業を志望する人は、必ずその店舗を見ておくこと。

★よい点ばかりを見るのではなく、気になる点、改善できそうな点も探しておくのがポイント。❶

面接官はここをみる!

質問の意図はやはり志望動機。華やかさだけに憧れているようでは務まらない。業種に対する理解ができていて、しっかりとした覚悟があるのかを見極めたい。

Q66 あなたはどうして食品業界を選んだのですか（食品業）

A 和食の魅力を世界に広めたい

日本の食のまだ知られていない魅力を世界に広めたいからです。お寿司やすき焼き、ラーメンなどは、世界でもよく知られていますが、例えばベジタリアンの方にピッタリの「精進料理」や、ドリアやオムライスなどのいわゆる「洋食」などの魅力はまだ伝えきれていないように思います。

味噌・醤油などの調味料は現地生産がなされていますが、日本の味を再現するにはハードルがまだ高いように思えます。そこで、私は御社のような給食デリバリーの会社がセットメニューごと海外に輸出する方法をいつも考えています。❶

評価とアドバイス

★考えているだけでは自己PRにならない。たとえば、冷凍技術などは進歩しており、それらを利用して日本食の新たな魅力を海外に輸出するなど、具体的な提案をしてみてはどうか。❶

Q67 この業界のどこにやりがいを感じますか（食品業）

A 人間の根本に関わる職業

私は子どものころから食いしん坊で、食べることが大好きでした。母から料理を習い、作って食べさせることも好きになりました。いつも食材や調理法のことが頭から離れず、あの食材をどうやって調理したらおいしく食べられるのだろうと、そんなことばかり考えていました。

食は人間の命の源で、生きることの根本です。食に関わらないで生きていける人間は一人もいません。自分が好きなことで、しかも人間の根本に関われる食品業でしたら、これほどやりがいのある仕事はありません。

評価とアドバイス

★ありがちな回答で新鮮味がない。経験を語っているようで、空疎な内容になっている。

★業界研究の成果を盛り込みたい。

Q68 食の安全についてどう思いますか（食品業）

A コンプライアンスを徹底して

結論からいうとコンプライアンスだと思います。❶

食品業界はどの企業も、食の安心・安全を第一番に掲げており、HACCP《ハサップ》などで安全が管理されています。制度はできているのですから、あとはそれを受け入れる側の問題です。表示の偽装にしても、農薬混入事件にしても、コンプライアンスが徹底していれば起こらなかったはずです。

食に関わる人間は安全のことを第一に考えて、体だけでなく心も清潔にし、消費者の信頼を裏切らないように自らを正すべきだと思います。

評価とアドバイス

★最初にはっきり結論を述べる点は公式どおり。❶

★入社後の自分を想定した働く側の立場からの発言。ある程度評価はできる。

★どのように順守させるかという点にまで踏み込みたい。

面接官はここをみる!　志望動機と業界への関心度をみている。業界のことをどれだけ勉強しているか、その熱意が伝わってくる人を採用したい。

Q69 あなたはどうしてこの業界を志望したのですか（団体・公社）

A 多くの仕事を経験できる（団体の場合）

募集要項にもありましたように、この業界は多くの部署・業務を経験させていただけるからです。

営業の企画から管理、お客様への問い合わせ対応、システム保守の運用、環境支援など。御社の場合、数年にわたって多くの職場を経験することができ、さらに部署ごとの専門教育を通じてキャリアを形成させていただけるのが大きな魅力です。

評価とアドバイス

★職員の育成方針に注目し、携わりたい意欲を示した回答。

Q70 この業界についてどのように評価しますか（団体・公社）

A 顧客開拓と売上アップをめざす（公社の場合）

公社は、組織としては企業のような形態もとり、官民の中間のような存在です。昨今は、民間でできることは民間でという業務の見直しも多くなっていて、結果として公社のような官と民の中間の立ち位置から活躍するシーンも増えてきています。

公社である以上、しっかりとしたガバナンスの実現は求められますが、公的な予算の範囲でビジネスを行うだけでなく、❶自ら顧客を開拓し、売上を増やしていく動きも増えると思います。

評価とアドバイス

★業界の展望などを述べた模範的な回答。

★「ガバナンス」などのカタカナ語を無理して使うと軽薄な印象を与える場合もあるので要注意。❶

Q71 あなたがこの業界を志望した理由は何ですか（ベンチャー企業）

A 市場価値の高い人材になりたい

この業界で経験を積むことは、将来市場価値の高い人材になれるからです。私は営業職志望なので、効率的なインサイドセールスを取り入れているこの業界に注目しています。IT化、DXで最先端の営業活動をすすめている御社で、新しい技術に対する知識や理解を深めていきたいと思っております。

評価とアドバイス

★簡潔で業界研究の跡がみえる回答。

★スキルアップの手段だけいう回答にはならないように。

Q72 今後のベンチャー企業のあり方をどう考えますか（ベンチャー企業）

A ビジネスの価値観が一気に変わる

長い時間をかけて変化をしてきたビジネスの価値観が、これからは数年のスパンで変わる可能性があります。

新しいビジネスモデルに対応できないベテラン社員が多い企業より、新しい技術に詳しく改革を推進できる若手のいる企業❶が世の中に受け入れられる時代が来ると思います。

評価とアドバイス

★対応できるかどうかをベテランと若手で区切ってしまうのは安易な思い込み。❶

面接官はここをみる!

DXの内容やベンチャー企業の知識を問う質問。ニュース・業界情報をチェックしていれば答えられる。具体的な回答であれば、よりよい判断ができる。

Q73 あなたはどうしてこの業界を志望したのですか（保険業）

A 自己の可能性を試したい

わが国は、少子高齢社会の到来と構造改革による需要の変化により、一生懸命働けばよい暮らしができた従来の保障の型がくずれ、何が起こるかわからない時代となりました。まさかのときの暮らしを保障する保険の役割は、ますます重要となっています。

これを背景として、商品の多様性も充実しています。私は、変化しつつある生命保険の業界で、自己の可能性を試したいのです。❶

評価とアドバイス

- ★結局答えは「可能性を試したい」というだけで、それが保険業界でなければならない必然性はない。❶
- ★従来型の生保のスタイルが変わってきたなら、それを示す具体例を述べよう。

A 資産運用が経営の武器に

金融制度の変革に伴って、銀行と証券の業務の垣根が低くなり、また生保と損保の業務も質的な変化が生じています。損害保険業務では、資産運用のよしあしがより大切な経営的武器になります。

そんな損害保険会社に魅力を感じて、私は資産運用の分野で、力を発揮したいと思っています。

評価とアドバイス

- ★業界をめぐる環境の変化にふれ、損保の資産運用の重要性を説く回答だが、具体的な説明がないので、表面的な理解ととられる。
- ★損害保険会社のどこに魅力を感じているのか、はっきりしない。仕事への意欲をさらに具体的に述べよう。

Q74 保険業界は今後どうなると思いますか（保険業）

A 市場をかき回したい

生命保険業界は激変すると思います。社会保障制度を補完するという生保の役割は高まっていますし、消費者のニーズが多様化するなか、商品面では死亡保障のほか、医療・介護・年金・就業不能保障などの商品の充実が求められます。販売チャネルも多様化しているので、外資も含め競争はますます激化するのではないかと思われます。

損害保険業界の大規模な合併は一段落しましたが、保険料単価の低下や新車販売台数の伸び悩みによって保険料収入の大幅な増加は期待できないので、今後は成長性のある海外市場への進出が必要になると思います。

私は、そんな微妙なバランスのうえにある損保業界で、頭打ちになっている市場をかき回したいと思っています。❶

評価とアドバイス

★勉強のあとが見え、水準以上の回答になっている。

★最後に「かき回してみたい」という意欲を示すことで、印象もよいだろう。❶

★評論するのはよいが、経営環境の悪化を強調しすぎると自分の首をしめることになるので注意したい。

面接官はここをみる!

業界についての知識を問う質問だが、学生に多くを期待しているわけではない。どれだけ勉強しているか、目を向ける方向が的確か、それだけが気がかりだ。

Q75 あなたはどうして金融業界を選んだのですか（金融業）

A 直接金融の担い手だから

証券会社が直接金融の担い手だからです。

私は、大学に入ったとき、将来は銀行に身を投じ、微力ながらも日本経済の発展につくそうという志を立てました。ところが、よく考えると性格が陽性で、人と接することが好きですし、考えるより先に行動するタイプなので、[1]堅実な銀行より、ダイナミックな証券会社のほうが向いているかと思い、御社を志望しました。

評価とアドバイス

★自己分析ができていて、意欲も感じられる。[1]

★志望動機の具体的な説明ができていない。

A 中小企業の力になりたい

中小企業の育成に大きな影響力を行使できるからです。

私の父は、町工場を経営しています。いつも資金繰りに苦労し、銀行に頭を下げて回っています。私は、そんな父を見ていて、なんとかこういう人たちを救ってあげたい、と思うようになりました。

御社に入行しても、私の力だけでそれができるかはなはだ疑問ですが、銀行業務のなかに中小企業育成という分野がある以上、私はそれをぜひやりたいと思います。とくに御社は、「リレーションシップ・バンキング（地域に貢献する銀行）」を標榜しておられるので、大きな期待感をこめて志望いたしました。

評価とアドバイス

★金融業界というより、志望先である地方銀行に的を絞った回答になってしまっている。

★業界研究が十分でないとき、評論家的な一般論を展開したくないとき、こういった答え方もできる。

Q76 今後の金融業界はどうなると思いますか（金融業）

A 生き残りをかけた新たな策

異種業界の金融業への参入が増え、昨今は○○Payをはじめ送金に関する低価格化の情報がネットやビジネス雑誌にあふれています。どの情報にも共通して「銀行より安い」といった見出しが立っています。

これまで無料だったATMの手数料を有料化した銀行もありますし、海外では一般的な口座維持手数料を導入するといった動きもあります。今後も銀行は、生き残りをかけて巻き返しを図る行動に出ていくと思います。❶

評価とアドバイス

★最近の動向をとらえた無難な回答。

★「生き残りをかけて巻き返しを図る」に対しては、必ず追加質問がくるものと思って、準備しておきたい。❶

A 大手・地方銀行でそれぞれの動きが加速する

今後はマイナス金利政策が解除され、金融業は「金利のある世界」に戻っていきます。そうなれば、銀行の主力事業である「預貸業務」の収益は回復すると思います。メガバンクでは今後も子会社の預貸業務を見据えての海外進出が増えていきますし、地銀では複数行でのホールディングス化などの統合再編がますます進み、グループ規模が拡大していくと思います。

評価とアドバイス

★今日的な話題を踏まえている点、勉強のあとが見える。

★第三者的な言い方なので、評価されにくい。志望動機や自己PRに結びつけよう。

面接官はここをみる!

新聞を注意していればなんとか答えられる質問。経済欄などをどれくらい読んでいるかをみることで、業界への関心度を探る。

Q77 あなたはどうして広告業界を選んだのですか（広告業）

A 正しい情報を正しく伝える

人と物と情報を正しく伝える役割を担いたいと思い、広告業界を志望しました。情報化社会のなかでのサービスのあり方を考えてみたとき、広告の役割がとても大きいことに思いあたります。よい物をよいと伝え、ほしい人にほしい物が渡るようにすることは、サービスの原点です。その原点をできるだけ健全な形で維持していくことが、情報が氾濫するこの社会では必要です。節度をもって正しい情報を正しく伝えるという意義ある仕事に、私は自分の可能性と夢を賭けてみようと思いました。

評価とアドバイス

★情報化社会での物とサービスと消費者の関係を、独自の視点で述べた回答。論旨はあらいが着眼はよい。

★現在の業界のあり方を否定しているような言動は慎もう。

A 熱くなる仕事でないと

やりがいがありそうだからです。広告業界は、何かわくわくするような期待感に満ちています。私は、お祭り大好き人間ですから、仕事を選ぶにしても、熱くなれそうな仕事でないと満足できません。広告業界はいまや媒体向けの広告企画制作ビジネスだけでなく、総合的なブランド提案を事業として拡大しています。流通対策まで含めた総合的ブランド支援事業は、適切な表現ではないかもしれませんが、阪神タイガースの応援団のノリです。阪神ファンの私とすれば、すぐにでも事業の現場にかけつけて、ひと暴れしたい気分です。

評価とアドバイス

★型破り回答例のひとつのパターンだ。面接官によっては、こうした答えを評価する人もいる。

★仕事と遊びの区別がついていないと思われないようにしたい。

Q78 最近の広告を見てあなたは何を思いますか（広告業）

A 個人の趣味・嗜好に合わせたCM

テレビCMでは、商品のよいところをアピールするのが王道ですが、商品の便利なところを広告するだけでなく、その企業や商品がどのような価値観を大切にして、どのような人の役に立つかということを伝えるCMも多くなっています。

あるデバイス機能の災害時に流れたオペレーターの音声をクローズアップし、救助の様子をプロモーション動画にしたCMや、大自然の映像をバックにハッシュタグ付けした文字と印象的な音楽で構成された清涼飲料水のCMなどは、それだけで企業イメージを再認識させられる内容です。

CMや新聞広告といったオフライン広告は厳しい状況にありますが、オンライン動画とソーシャルメディア広告の成長により、デジタル広告費が著しく増加しています。動画機能やSNSとの連携が強まったことで、広告と一般消費者との距離が縮まり、大衆向けの内容から個人の趣味・嗜好に合わせたCMづくりへと変化しています。

多くの視聴者に配信している広告を見てもらうためには、テレビCM以上に、これからは音声や音楽でひきつける力が必要になってくると思います。

評価とアドバイス

★業界研究をしていれば、どのような聞かれ方をしても、一定水準の回答はできるので、落ち着いて応対したい。

★広告業界は海外展開に力を入れているところも多いので、オンライン動画との関連で言及できたらアピール度が増す。

面接官はここをみる!

広告業界は感性が大切だが、感性だけでは広告の仕事は務まらない。人気のある業界だけに、しっかりした気持ちで志望しているのかを確かめたい。

Q79 あなたはどうして新聞業界を選んだのですか（マスコミ）

A ペンの力で政治を国民の手に

政治記者になりたいからです。国民の政治ばなれが叫ばれてから久しく、選挙のたびに低い投票率が問題になります。これは政治に魅力がないこともありますが、新聞報道にも問題があるのではないかと思います。

政治の記事は、どの新聞も硬くて10年も20年も前のスタイルを変えていないように思います。もっと国民にわかる書き方と見せ方をしなければ、国民はますます政治に背を向けてしまいます。ペンの力で政治を国民の手に取り戻せればと思い、新聞記者を志しました。

評価とアドバイス

★若さと意気込みを感じさせる回答。印象は悪くないだろう。

★書き方と見せ方をもう少し具体的に示すとなおよい。

Q80 あなたはどうして出版業界を選んだのですか（マスコミ）

A いつか感動させる本をつくりたい

本づくりの過程に自分の性格と合うものを感じたからです。

本は新聞と違って、企画から発行までじっくりと時間をかけてつくります。私も、慎重に物事を考えて、決断したらそれを成し遂げるまで何があってもあきらめません。新聞だと、人を感動させることはなかなかできませんが、本には感動を詰め込むことができます。私は、いつか人に感動を与えるような仕事をしたいのです。それには、自分自身が知識を蓄え、物事を見る目を養い、自己を成長させなければなりませんが、本と本をつくる仕事を通じて、私は人間力を磨きたいと思っています。

評価とアドバイス

★志望動機を述べ、自己を語るオーソドックスな回答。

★出版を志す者は皆本好き。それだけでは志望理由にならない。

Q81 あなたはどうして放送業界を選んだのですか（マスコミ）

A あらゆる表現が可能なメディア

最も表現力が豊かなメディアだと思ったからです。

私は自分の言葉でいろいろなことを伝えられるアナウンサーになりたいと、小さいころから思っていました。自分を表現したいという欲望が強いのかもしれません。

マスコミ研究のゼミを通じ、放送業界にもラジオ、テレビ、ケーブルテレビ、インターネットなどいろいろな分野があり、何かを表現するにしても、アナウンサーのほかに魅力的な職種がたくさんあるメディアだということを知りました。❶

そんな放送業界の魅力にひかれ、番組制作に関わることで自分を表現してみたいと強く思うようになりました。

評価とアドバイス

★質問にまず的確に答え、その後に自分の希望と業界の特徴を関連づける答え方である。❶

★聞かれたことに対しての答えにはなっているが、どんな仕事をしたいかまで踏み込んで答えられると、なおよい。

面接官はここをみる!

マスコミは人気業種で、その華やかさにひかれた応募者が多いが、業界にふさわしい感性をもつ人を見つけるのは難しい。みるべきところは適性と意欲。少しぐらいの型破りは可。

Q82 あなたはSEという仕事をどう思いますか（IT産業）

A コミュニケーション能力が必要

つねにパソコンに向かって仕事をしている、というイメージでとらえていました。

しかし、会社説明会やＯＢ訪問を通じて、お客さまの立場に立って求められていることを技術でどう解決するか、それを工夫するのがＳＥの主要な仕事だということを知りました。❶

その意味ではコミュニケーション能力が必要な仕事であり、人と触れ合うことが好きで、友人の多い私に向いている、と思いました。

評価とアドバイス

★それまでもっていたイメージを取り払って、視野を広げたという点が評価される。❶

★自己PRまでもっていくことができ、意欲を示せた。

★職種の本質に迫る力が希薄。勉強の成果を見せたい。

A 多面的だがやりがいのある仕事

クリエイティブな仕事で､物をつくる喜びがあると思います。ただ、それだけでなく、システムを運用することや、システムの利用のしかたについてお客さまの相談を受け、一緒に考えたり指導したりすることも仕事に含まれます。営業的センスも必要ですし、パソコンの前でキーを打つだけの閉ざされた職種ではないと思います。

多面性のある仕事なだけに大変ではありますが、それだけにやりがいのある仕事だと思っています。

評価とアドバイス

★職種の多面的なとらえ方ができている、と判断できる回答。

★意欲のあるところもアピールしている。

★どういう点にやりがいを感じるのか述べていない。

Q83 あなたはどうしてIT業界を選んだのですか（IT産業）

A 今後も成長していく業界だから

DXへの投資活性化やICT投資による景気活性化が見込まれ、今後も成長していく業界だからです。IT業界が扱うシステムは実は身近なものも多く、社会全体の利便性向上を常に目指し、ときにはライフスタイルまで変えることがあります。

AI技術や機械学習・ディープラーニングといった手法、ビッグデータの活用により、社会インフラの改善はすすんでいます。ところが、それを支える業界の人材不足は深刻です。複雑化するシステムを開発できる人材はもちろん、計画を作成して提案できるプロデューサーや、IT化計画を取りまとめるプロジェクトマネジメントなどの分野で有能な人材が求められていると聞きます。

私は、専門知識を学んで必要な資格もとっていますし、何よりもこの仕事に情熱を燃やしています。私のような、この業界を志す人間で人材不足の穴を埋めてもらえればと思い、志望しました。[1]

評価とアドバイス

★業界の動向をよく勉強している、との評価は得られるだろう。

★業界の問題点を指摘し、自己PRをしたうえで、志望動機に結びつけている。熱意を感じさせる。[1]

★人材の少ない業界でひと旗あげようという意識が露骨に見える点は注意が必要。

面接官はここをみる!

比較的新しい業界なので、どの程度の認識をもっているかを問う。専門知識をひけらかすより、業種の特殊性を踏まえて、やり遂げる意志の強さをもつ人材がほしい。

Q84 あなたはどうして運輸業界を選んだのですか（運輸・交通業）

A 社会的使命の重さを感じて

運輸業界が人々の生活を支えているからです。私は静岡の出身で、東京の大学にはアパートを借りて通学していました。静岡は比較的首都圏に近いですから、帰ろうと思えば電車もあるし、バスでも週末ごとに帰れます。夏休みに自転車で帰ったこともありました。祖母が危篤のときは、最終の新幹線で飛んで帰りました。夜遅くまで列車があり、助かりました。❶

そんな経験のなかで、多くの人がさまざまな手段を使って行き来しているのを見て、運輸業が人々の生活と密接に関わっていることを強く感じました。その社会的使命の重さに打たれ、鉄道事業に関わりたいと思うようになりました。

評価とアドバイス

★なぜ運輸業に興味をもったのかがわかり、意欲と使命感が伝わってくる。

★祖母の危篤などのエピソードが具体的でよい。❶

A 自分の役割を自覚している

包装から輸送、保管、荷役など多くの活動を通して、モノを作る生産者から消費者まで移動するのが物流です。

物流の仕事は１人で完結できるものではなく、社内はもちろん関係各社などさまざまな役割をもった人々と一緒に作業を進める業態です。私は集団の中で自分の役割を自覚し、しっかりとコミュニケーションをとることができます。どんな部門に配属されても自信を持ってやっていけると思い、この業界を選びました。

評価とアドバイス

★自己PRに志望動機を結びつけた回答。

★結論が最後にあるため、聞き手が話の全体像を描きにくい。

Q85 どうして引越・宅配業に興味をもったのですか（運輸・交通業）

A 引越を手伝い業界に興味をもった

大学２年生のときにレンタカーでトラックを借りて、友人の引越を手伝ったことがあります。事前に、父の友人で引越の専門業30年のベテランの方に、荷物の梱包のことや運び出し時の注意点をご指南いただき、引越業はつくづくサービス業である、と実感しました。

私は大学の経営学部で組織学を専門に学びました。この知識を活かして、現場がお客さまに最大限のサービスを提供できるよう組織的なサポート体制をつくり上げたいと思います。

評価とアドバイス

★実体験から志望動機につなげ、評価できる回答になっている。

★将来のビジョンで締める場合、稚拙でいいので具体的な提案ができれば、インパクトある回答になる。

A 御社の中長期経営戦略に共感

宅配業は、大切な商品をいかに時間どおり安全に、お客さまのもとまで運ぶかというのが基本テーマです。御社の中長期経営戦略である「新たな物流サービスの創出と顧客基盤の拡大」ではお客さま第一の姿勢が強く打ち出されており、私もそのような組織の一員として、お客さまに信頼される存在となって働きたいと考え、御社を志望いたしました。

評価とアドバイス

★志望動機に結びつけた回答。

★身近な業種でもあるので、素直に宅配業に興味をもったきっかけなどを述べてもいいかもしれない。

面接官はここをみる!

応募者の価値観を知るための質問。業界のどんなところにひかれたのか、ピンとくるものは何か、具体的に話してくれると、判断材料になる。

Q86 あなたはどうしてこの業界を選んだのですか（建設・住宅業）

A 夢のある業種

建設業には夢があるからです。❶ただの原っぱに家が建ったり、広い川に橋を架けたり、古くなった町がビルの立ち並ぶオフィス街になるのは、見ているだけでも楽しいですし、とても夢のある仕事だと思います。社会的にも意義のある仕事であり、何より日本の基幹産業としての地位は揺らいではいません。

やはり、これからも日本の経済を牽引《けんいん》していくのは建設業だと私は思います。

評価とアドバイス

★いかにもマニュアル的な答えだが、基本として押さえておきたい回答例。❶

★これを基本とするならば、このうえに自己PRや自分の志望動機を付加していこう。

A 欠陥住宅を憎んだ末に

実は、父がやっとの思いで買った家が欠陥住宅でした。父は弁償をめぐって裁判で争いましたが、結局それで命を縮めてしまいました。そのとき私はまだ中学生で、父を助けることができませんでした。父のような住宅で苦しむ人が出ないよう、私はこの業界に入って１軒でも多くの優良住宅をつくって、提供したいのです。

つくり手、売り手が良心に基づいていいものを提供すれば、それだけで不幸な人は減ります。マイナス思考のようですが、辛い体験をプラスのエネルギーに変えて、住宅産業に自分の生涯を賭けてみようと思いました。

評価とアドバイス

★かなり個人的な理由だが、具体的で説得力がある。

★暗くなりがちな話なので、後半を明るい話に変えていく。

Q87 あなたはどうして不動産業界を志望したのですか（不動産業）

A 街づくりをしたい

商品の大きさといいますか、スケールの大きな商売というところが気に入っています。

しかし、私がやりたいことは、土地や建物の売り買いではなく、どこにどんな建物を建てるかという企画開発の仕事です。それも単なるオフィスビルや住宅を建てるだけでなく、劇場や商店街、公園や広場、といった都市開発の仕事をしてみたいのです。

御社にはそうしたプロジェクトがいくつかあり、これからも都市再開発案件があると期待しています。❶私でも可能性を求めて活躍できる場があるのではないかと思い、この業界を選びました。

評価とアドバイス

★自分の夢ばかりを語り、大言壮語という感じを抱かせる。

★自分のやりたいことはイコール志望動機であり、自己PRである。枠をはみ出しても元気を感じさせるこういう回答のほうが評価は高い。

★「開発案件がある」と期待する根拠は何か、追加質問がくることを想定しておこう。❶

面接官はここをみる!

建設・不動産・住宅業は、開発から仲介、販売、管理と幅広い業種のある業界である。具体的な職種をあげて、何をめざすのか知りたい。

■執筆協力　榎本真一
■イラスト　高木一夫
■編集協力　knowm

本書に関する正誤等の最新情報は、下記URLをご覧ください。
https://www.seibidoshuppan.co.jp/support/

上記URLに掲載されていない箇所で正誤についてお気づきの場合は、書名・発行日・質問事項・ページ数・氏名・郵便番号・住所・ファクシミリ番号を明記のうえ、**郵送またはファクシミリ**で**成美堂出版**までお問い合わせください。

＊**電話でのお問い合わせはお受けできません。**
＊本書の正誤に関するご質問以外にはお答えできません。また、受験指導などは行っておりません。
＊ご質問到着確認後、10日前後に回答を普通郵便またはファクシミリで発送いたします。
＊ご質問の受付期間は、2025年５月末までとさせていただきます。ご了承ください。

就職試験 これだけ覚える面接・エントリーシート '26年版

2024年５月20日発行

編　著　成美堂出版編集部
発行者　深見公子
発行所　成美堂出版
〒162-8445　東京都新宿区新小川町1-7
電話(03)5206-8151　FAX(03)5206-8159
印　刷　大盛印刷株式会社

ISBN978-4-415-23837-1
落丁・乱丁などの不良本はお取り替えします
定価は表紙に表示してあります